Schlaraffenland

Christiane van Betteray

Ein Erlebnisbuch rund ums Essen, Schmecken und Genießen

Wonach dieses Buch schmeckt

Ein kleiner Vorgeschmack

Jeden Tag aufs Neue, mehrmals sogar, essen wir. Essen ist für uns selbstverständlich und (lebens-)wichtig. Essen wirkt erheblich auf unser körperliches und geistiges Wohlbefinden ein. Es kann Genuß bereiten und Spaß machen – oder auch nicht. Es kann unsere Stimmung heben und uns Lebensfreude schenken, uns aber auch verdrießen – wenn wir zu schnell, zu viel oder einseitig essen. Mahlzeiten sind außerdem ein wesentlicher Teil unserer Kultur, sie können Gemeinschaft schaffen – oder Unfrieden stiften.

Ob es nun nur um Gesundheit oder auch um Genuß und Gemeinschaftsgefühl geht: die wichtigsten Grundlagen, wie ein Mensch ißt, werden in der Kindheit geschaffen. Was Kinder sich in frühen Jahren angewöhnen, behalten sie oft auf Dauer bei. Um so nachdenklicher sollte es uns stimmen, daß eine Studie in Deutschland gezeigt hat, daß 70 Prozent der Kinder bei der Einschulung fehlernährt sind. Das heißt: Hier können wir Kindern viel Gutes tun – für ihr ganzes Leben.

Dieses Buch will dazu betragen. Auf spielerische und spannende Art. Es zeigt Ihnen, wie Sie Kinder auf einer Reise durch die Welt des Essens begleiten können. Auf einer Reise, bei der es viel zu entdecken und zu schmecken, zu genießen und zu begreifen gibt. Nicht nur für die Kleinen, sondern auch für die Großen.

Gemeinsam mit uns entdecken die Kinder ihre Lieblingsspeisen. Sie begreifen, daß jeder Mensch einen einzigartigen Geschmack hat, der ein wichtiger Teil seiner Persönlichkeit ist. Sie lernen Botschaften ihres Körpers und Gefühle zu verstehen,

Hunger und Appetit zu unterscheiden. Die Kinder entdecken, wie sie satt werden. Sie lernen selbstbewußt aus der Vielfalt auszuwählen. Ihre Sinne für sinn-volle Speisen werden geschärft und die Lust am stillen Genießen geweckt. Zusammen erleben wir den besonderen Geschmack und die Farben der vier Jahreszeiten. Wir verfolgen den Weg der Lebensmittel: vom Getreide zur Pizza, von der Kuh zum Käse. Wir blicken über unseren Tellerrand auf die Tische anderer Kulturen ... Und immer wieder bietet sich die Möglichkeit, kinderleichte kleine Rezepte auszuprobieren, zu kosten und zu staunen.

Die vielfältigen Anregungen können Sie bei Ihrer Arbeit mit Kindern im Kindergarten, in der Schule oder anderen Gruppen im Rahmen von Projekten umsetzen. Oder einfach zwischendurch im Alltag. Einen besonders schönen Erfolg erzielen Sie, wenn Sie immer wieder einmal bei Gelegenheit einen Impuls aufgreifen und durchaus auch wiederholt „servieren".

Neben diesen Aktionen finden Sie zugleich wichtige und sicher oft überraschende Informationen, die Ihnen helfen die Welt des Essens besser zu verstehen. Wissen Sie beispielsweise, warum wir so gern süß und fett essen? Noch vor wenigen Jahrzehnten bedrohten uns Hunger und Nahrungsmangel. Wer die größte Lust auf süße oder auch auch fette und salzige Speisen hatte und am meisten aß, der überlebte die häufigen Hungerzeiten am besten. Diese Erfahrung war lebenswichtig, deshalb wurde sie in das Gen-Programm der Menschheit aufgenommen. Heute werden wir noch immer von diesem alten

Konzept gesteuert. Gern lassen wir uns deshalb von süßen und fettigen Angeboten verführen. Food-Designer lesen uns die urtümlichen Wünsche von den Lippen ab. Und Lebensmittel-Techniker erfüllen uns die Wünsche preiswert und bequem. Neben den Genen prägt die Macht der Gewohnheit unser Eßverhalten. Auch die ist biologisch sinnvoll: Die Kinder der Steinzeit ahmten das Eßverhalten ihrer Sippe nach. So konnten sie sicher sein, daß sie bekömmliche Speisen aßen. Fremde Früchte waren ein Risiko.

Auch heute beeinflussen vor allem Bezugspersonen, Rituale, Atmosphäre das Eßverhalten eines Kindes. Aversionen von Eltern oder Erziehern bzw. Erzieherinnen, von Freunden und anderen Vorbildern übernehmen Kinder (leider) schneller als Vorlieben. Rigide Verbote schaden eher und machen das jeweilige Lebensmittel oder Verhalten umso reizvoller.

Erweitern wir das Blickfeld der Kinder, in dem wir gemeinsam mit ihnen die Gaben des Schlaraffenlandes von mehreren Seiten betrachten. Fördern wir ihr natürliches Empfinden für Hunger, Appetit und Sättigung. Helfen wir ihnen, Bewußtsein für ihre Bedürfnisse und eine gesunde Freude am Essen zu entwickeln. Erleben wir gemeinsam mit allen Sinnen das Essen, Schmecken und Genießen. „Gut essen" ist Gewohnheitssache, hier lohnt es sich zu üben, denn es bringt Gesundheit und Lebensfreude.

Guten Appetit!

Christiane van Betteray

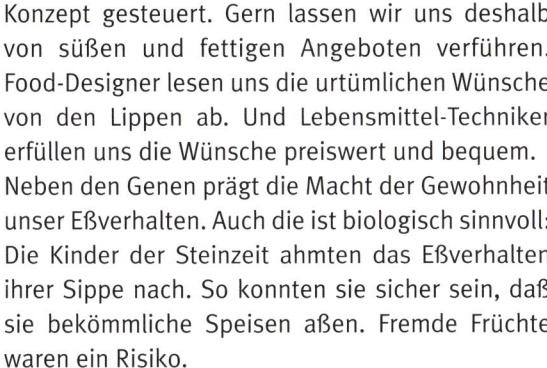

Christiane van Betteray hat Ernährungswissenschaften studiert und war danach mehrere Jahre Bildungsreferentin beim Deutschen Hausfrauen-Bund, wo sie unter anderem Medienpakete erstellte. Heute ist sie Ernährungsberaterin für Krankenkassen und Bildungswerke; sie betreut Projekte und leitet Kurse für Kindergärten sowie für Eltern und Kinder. Als freie Journalistin serviert sie außerdem Informationen rund ums gesunde Essen und Trinken, unter anderem in der Elternzeitschrift „mobile". Christiane van Betteray lebt mit ihrem Mann und ihren drei Kindern in Geilenkirchen.

Pizza, Pommes, Pudding

Jeder von uns hat seine Lieblingsspeisen und seinen besonderen Geschmack. Und der ist ein wichtiger Teil unseres Wesens. Deshalb ist es wichtig, ihn zu kennen und zu entwickeln.

Peter ißt am liebsten Pizza, Patrick liebt Pommes, Pia könnte in Pudding baden ... Wir alle haben unsere Leibspeisen, und wir essen sie nicht nur, um satt zu werden. Sie streicheln unseren Gaumen und unsere Seele. Herauszufinden, was wir ganz besonders gerne mögen, stärkt unser Ich-Gefühl. Respektieren Erwachsene die Vorlieben von Kindern, zeigen sie ihnen damit auch, daß sie deren Persönlichkeit anerkennen. Allerdings brauchen Kinder Orientierungshilfen im Schlaraffenland: Wir sollten ihnen die Fähigkeit vermitteln, Speisen zu bewerten. Nur wer sich seines Geschmacks sicher ist, läßt sich nicht von bunter Werbung verführen. Gehen wir also auf Entdeckung!

Sag mir deine Lieblingsspeise

Wir bilden einen Kreis. Ein Kind rollt einem anderen einen Kohlrabi zu. Dieses nennt seine Lieblingsspeise. Hat jeder nur eine Leib- und Magenspeise oder mehrere?
Wenn alle ihre Lieblingsspeisen genannt haben, überlegen sie, was sie daran so toll finden. Jedes Kind, zu dem der Kohlrabi kullert, sagt, was es an seinem Leibgericht so gern mag.
Danach beschreiben wir die Gefühle, die leckeres Essen in uns auslöst.

Ein Kochbuch mit Herz

Lieblingsspeisen erwärmen das Herz. Jeder sucht herzallerliebste Gerichte aus, die besonders gut schmecken, und sammelt sie in einem Kochbuch mit Herz. Dazu legen wir mehrere A4-Blätter aufeinander und schneiden sie zu einem großen Herzen. Aus Pappe fertigen wir zwei Buchdeckel. Wir lochen die Blätter und binden sie mit einem Band zusammen.
Wer möchte, legt ein Kochbuch mit den Lieblingsspeisen der Kindergruppe oder der Familie an.
Wer sein Buch fortlaufend um neue Lieblingsgerichte ergänzt, dem erzählt es später, wie sich der Geschmack im Lauf der Zeit gewandelt hat.

Tischlein, deck dich!

Die Kinder sitzen im Kreis. Ein Kind spielt den Koch und flüstert seinem Nachbarn sein Leibgericht ins Ohr. Dann setzt es sich in die Kreismitte und „deckt den Tisch". Das Kind, dem das Gericht zugeflüstert wurde, gibt es an seinen Nachbarn weiter und setzt sich in die Kreismitte an den Tisch, falls der Koch auch sein Lieblingsessen serviert. Das letzte Kind lüftet das Geheimnis und sagt zum Beispiel: „Es gibt Spaghetti – guten Appetit." Nennt es die

richtige Speise, antworten die Kinder am Tisch: „Mmmmh, lecker." Wenn nicht, meckern sie: „Bäh, igitt." Wie viele Kinder sitzen in der Mitte? Gibt es ein Gericht, daß besonders viele Kinder mögen? Warum schmeckt es so gut?

Die Speisen-Hitparade

Die Speisen-Hitparade zeigt uns, wie (un)beliebt manche Gerichte sind. Jeder zeichnet einen dicken Strich auf ein Blatt Papier. An das eine Ende malen wir ein lachendes Gesicht, ans andere Ende ein trauriges. Aus Zeitschriften schneiden wir Bilder von Lebensmitteln und Gerichten aus. Je mehr sie uns das Wasser im Mund zusammenlaufen lassen, desto näher ordnen wir sie beim lachenden Gesicht an. Nun haben alle ihre persönliche Speisen-Hitparade. Wollen wir eine Hitparade für die ganze Gruppe machen, benötigen wir ein großes Stück Papier. Welche Lebensmittel und Gerichte „drängeln" sich beim fröhlichen, welche beim traurigen Gesicht?

Was ißt der Bürgermeister am liebsten?

Kennen wir die Lieblingsgerichte unserer Freunde, der Eltern, der Geschwister? Und was antworten der Briefträger, die Marktfrau, der Metzger, die Bäckersfrau, der Bademeister, der Bürgermeister? Wollen wir viele Menschen befragen, so nehmen wir

die Antworten mit einem Kassettenrekorder auf. Interessiert es uns auch, welche Speisen sie überhaupt nicht mögen? Oder wann sie ihre Leibgerichte entdeckten? Wie oft sie ihr Lieblingsessen essen?

Jeder mag was anderes
Der Affe klettert nach Bananen.
Die Kuh macht muh, frißt Gras dazu.
Der Hund wählt einen Knochen aus.
Die Katze, die mag Milch und Maus.
Die Amsel fliegt herab vom Turm
und sucht und sucht und sucht
sich einen Kribbel-Krabbel-Wurm.

Bei diesem Fingerspiel ist die rechte Hand zur Faust geschlossen. Der rechte Daumen spielt den Affen. Mit der linken Hand wird der Affe „aufgerichtet", dann sind die anderen Finger dran. Der kleine Finger pickt als Amsel auf der Handinnenfläche herum. Zum Schluß kitzeln die Finger der linken Hand als Würmer die Innenfläche der rechten Hand. Dieses Fingerspiel kann Anlaß sein, mit den Kindern nicht nur über die Lieblingsspeisen der Menschen, sondern auch der Tiere zu sprechen.

Süße Vorlieben
Im Kleinkindalter bevorzugen wir süße, milde Speisen, am liebsten in Breiform. Die meisten Kinder beginnen erst mit vier, fünf Jahren salzig, sauer oder bitter schmeckende Nahrung zu mögen. Ihr Geschmackssinn ist viel empfindlicher als der von Erwachsenen. Süße Vorlieben entwickeln wir bereits im Mutterleib und als Baby: Schließlich schmecken Fruchtwasser und Muttermilch eher süßlich. Und versüßen wir uns nicht gerne ganz besonders schöne Momente im Leben? Mit Geburtstagstorte, Sonntagskuchen, Schokoladen-Ostereiern und Weihnachtsgebäck.

Schwarzbrot und Weißbrot

Brot, das mir gefällt

Wie viele Sorten Brot mag es geben? Alle Kinder bringen Brot von zu Hause mit. Sie probieren, welche Sorten sie besonders lecker finden. Mag jeder das Brot in seinem Vesperpaket? Oder gibt es ein Brot, das viel besser schmeckt?

Heute streicheln wir das Brot

Nimmt man sich Zeit, verschiedene Brote ganz genau zu untersuchen, wird man einiges entdecken, was einem bisher nie aufgefallen ist.

Auf ein sauberes Tischtuch legen wir fünf verschiedene Sorten Brot: zum Beispiel Brötchen, Knäckebrot, Rosinenstuten, grobkörniges Schwarzbrot, Vollkornbrot aus feingemahlenem Mehl (beispielsweise Vollkorn-Toast), Pumpernickel oder Mischbrot. Wir schauen uns die Brote an. Welches Brot gefällt wem am besten? Wer findet die hellen, weiß bepuderten Sorten besonders schön? Wer eher braune oder sogar fast schwarze Brote? Hat jeder sein Lieblingsbrot entdeckt?

Nun wandern die Brote umher: Alle Kinder dürfen die Brote streicheln, befühlen, darauf drücken und daran riechen.

Wir kosten kleine Brotwürfel. Dabei beginnen wir mit einem eher harten und herzhaften Brot. Wenn jeder das Brot probiert hat, versuchen wir, es zu beschreiben: Ließ es sich leicht kauen? Fühlte es sich weich oder eher kratzig, luftig oder saftig an? Schmeckte es süß oder vielleicht salzig?

In der Schlußrunde rufen sich alle die gekosteten Brote noch einmal in Erinnerung: Hat jemand ein neues Lieblingsbrot entdeckt? Was unterscheidet es von den anderen Brotsorten?

Ich entdecke mein Lieblingsbrot

Machen wir einen Finger- oder Handabdruck, so sieht er bei jedem Menschen anders aus. Ebenso unverwechselbar ist der „Fingerabdruck" unseres Geschmacks. Fragen wir zehn Kinder, was sie am liebsten essen und was sie überhaupt nicht mögen, so bekommen wir zehn verschiedene Antworten. Selbst beim täglichen Brot hat jeder einen anderen Geschmack. Doch wer weiß schon, welche Zutaten das Lieblingsbrot so lecker und so ganz besonders machen? Sich mit Brot zu beschäftigen verfeinert nicht nur den Geschmack, sondern auch ganz allgemein die Wahrnehmung von Lebensmitteln.

Traumbrot

Beim Selberbacken können wir „Traumbrot" ausprobieren. Dazu knetet man einen neutralen Hefeteig. Nach einer halben Stunde schauen wir nach: Der Teig hat sich verdoppelt!

• *Zutaten für den Grundteig (10 Kinder): 1 kg Weizen-Vollkornmehl, 2 Päckchen Hefe, 2 EL Zucker, etwa 1/2 l lauwarme Buttermilch, 1 Prise Salz, Kondensmilch zum Bestreichen*

Während der Teig „geht", stellen wir die Zutaten zusammen wie ein Maler seine Farben – üppig bemessen, so daß alle probieren und naschen können, um dann ein eigenes Brot zu erfinden. Was „machen" Nüsse, Kräuter oder Honig mit dem Teig?

• *Zutaten für süße Brötchen: 200 g Haselnüsse, 200 g Mandeln, 200 g Rosinen, 200 g Sonnenblumenkerne, 200 g Kokosraspeln*

• *Zutaten für herzhafte Brötchen: 100 g Sesam, 1 Bund Petersilie, 1/2 Tasse getrockneter Oregano, 200 g geriebener Parmesan, 100 g Tomatenmark, 50 g Polenta*

Jedes Kind bekommt ein Zehntel des Teiges und knetet zwei oder drei Zutaten seiner Wahl hinein. Mit Teigrollen, stumpfen Messern, Ausstechern und einer Schere lassen sich vielerlei Gebilde gestalten oder auch „Stacheln" in den Teig schneiden. Wer möchte, kann einen Zopf flechten oder drehen, Brezeln oder „Männchen" formen.

Auf dem Backblech lassen wir unsere Werke nochmals gehen und bepinseln sie dann mit Kondensmilch. Im vorgeheizten Backofen werden sie bei 220 °C (Umluft 200 °C) etwa 20 bis 30 Minuten gebacken.

Wenn unsere Brötchen abgekühlt sind, schauen wir sie uns genau an. Jedes ist anders geraten. Schmecken sie auch unterschiedlich? Wir lassen uns gegenseitig probieren.

Gefällt und schmeckt uns unser Backwerk, malen oder schreiben wir uns das Rezept auf. Um es als eigene Erfindung zu kennzeichnen, verziert jeder kleine Bäcker das Rezept mit seinem Fingerabdruck.

Tip

🍓 Die Konsistenz des Vollkornteigs hängt von der beigegebenen Flüssigkeitsmenge ab. Ist der Teig hart und bröckelig, noch einige Minuten weiterkneten und dann vorsichtig etwas warmes Wasser zufügen. Auch Honig und Sirup verflüssigen den Teig. Ist er zu klebrig, Haferflocken einkneten. Damit er später beim Formen nicht klebt, die Hände der Kinder und die Arbeitsfläche mit etwas Distelöl bestreichen.

🍓 Stellt man beim Backen eine feuerfeste Schale mit Wasser in den Ofen, bleibt die Kruste der Brötchen weich.

Jeder ist und ißt anders

Jeder Mensch verdaut die Nahrungsmittel, die er zu sich nimmt, auf ureigene Weise, denn die Bakterien und Kleinstlebewesen, die den Darm bewohnen, sind bei jedem anders zusammengesetzt. Auch ihre Zahl ist von Mensch zu Mensch verschieden. So können manche Menschen keine Milch verdauen, weil ihnen die Stoffe fehlen, um den Zucker in der Milch zu knacken – die sogenannten Enzyme. Andere Menschen reagieren empfindlich auf bestimmte Brot- oder Gemüsesorten. Viele Kinder meiden zum Beispiel Vollkornbrot aus grob geschrotetem Getreide und Hülsenfrüchte, weil sie davon Blähungen bekommen. An grobe Kost muß sich der Darm erst gewöhnen. Doch dann mag er auch Körnerbrote.

Dein Geschmack, mein Geschmack

Zähne mögen keinen Zucker

Obwohl viele Kinder gesunde von ungesunden Nahrungsmitteln unterscheiden können, bevorzugen sie eher ungesunde Speisen – vor allem Süßes. Doch zuviel Süßes schadet dem Gebiß. Manche Kinder haben bereits Karies, wenn sie in die Schule kommen. Karies bedeutet wörtlich „Morschheit", „Fäulnis". Sie entsteht, wenn Nahrungsreste an den Zähnen haften bleiben und von Bakterien in Säure umgewandelt werden. Die Säure wiederum zerstört den Zahnschmelz, die weiße, glatte Schicht, die die Zähne überzieht. Besonders angriffslustig verhalten sich dabei alle klebrigen und süßen Speisen. Oft schaffen sie es, sich durch den Zahnschmelz zu fressen, obwohl dieser so hart ist wie Granit!

Ich weiß, was ich will

„Bäh, igitt, schon wieder Müsli!" Was dem einen den Appetit verdirbt, ist vielleicht ausgerechnet die Lieblingsspeise des anderen. Sitzen Menschen mit ganz unterschiedlichen Vorlieben und Abneigungen zusammen am Tisch und jeder von ihnen möchte sein Lieblingsessen durchsetzen, gibt es Streit. Das läßt sich vermeiden, wenn wir lernen, die Wünsche anderer zu verstehen, und wenn wir wissen, was passiert, wenn wir bestimmte Dinge immer und andere nie essen mögen. Dann können wir auch die Verantwortung für unsere Wünsche übernehmen und über uns selbst bestimmen.

Familie Zirkus beim Essen

In der Familie Zirkus gibt es sehr oft Streit ums Essen. Denn jeder hat ein anderes Lieblingsgericht. Und jeder möchte, daß dieses Gericht täglich auf den Tisch kommt. Wir wollen den Zirkus ums Essen einmal nachspielen und herausfinden, wie

es sich dabei ißt. Kinder mit verschiedenen Lieblingsspeisen schlüpfen in verschiedene Rollen: Eines spielt den Zirkuskoch, andere die Kinder, eines den Vater, eines die Mutter. Alle verkleiden sich entsprechend. Dann setzt sich die Zirkusfamilie zusammen zum Essen. Was gibt es heute? Kartoffeln? Spinat? Wem schmeckt das Essen nicht? Was sagt der Koch dazu, daß er fünf oder sechs verschiedene Speisen zubereiten soll? Läßt sich vielleicht eine gemeinsame Lösung finden? Ist genug diskutiert, werden die Rollen getauscht.

Bei Familie Zirkus ist heftiger Streit ausgebrochen. Der Koch ist wütend, weil er immer angemeckert wird, die Kinder finden das Essen einfach furchtbar. Doch was ist eigentlich los? Im Grunde wollen alle mit Appetit und in Ruhe essen. Wie läßt sich das erreichen? Versuchen wir einmal, andere Worte für unseren Unmut zu finden, und sagen zum Beispiel statt „Das ist ja eklig" „Ich mag keine Rote Bete und möchte auch nicht davon probieren." Was ändert sich, wenn wir uns bemühen, höflich zueinander zu sein? Legt sich der Streit? Fühlen wir uns weniger verletzt? Dann verabreden wir gemeinsam, was und wie wir Dinge (nicht) sagen wollen.

erinnern, wann und wie oft wir Süßigkeiten essen. Ob das den Zähnen gefällt?

Wenn alle Wünsche wahr werden ...

Wäre es eigentlich gut, wenn alle Wünsche erfüllt würden? Wenn Philipp jeden Tag Hamburger bekäme oder Julia ihre heißgeliebten Süßigkeiten?

Wir erleben, daß die Erfüllung von Essenswünschen Folgen hat – zum Beispiel für die Zähne. Schauen wir einander einmal in den Mund. Dort sehen wir ganz unterschiedlich geformte und gefärbte Zähne. Einige Zähne sehen dreckig, vielleicht sogar krank aus, andere blitzend weiß.

Wollen wir, daß es den Zähnen gutgeht? Dann müssen wir überlegen, was zu tun ist. Alle beißen in einen Keks mit Schoko- oder Fruchtfüllung. Nachdem sie den Bissen hinuntergeschluckt haben, öffnen sie den Mund und betrachten ihre Zähne. Was ist zu sehen? Kleine Bröckchen und Brei, der an und zwischen den Zähnen haftet. Essen, vor allem süße, klebrige Speisen, macht unsere Zähne schmutzig. Wenn wir diesen Schmutz nicht mit der Zahnbürste entfernen, schadet er den Zähnen.

Damit das nicht passiert, putzen wir nun gemeinsam die Zähne und bewundern anschließend das saubere Gebiß. Fahren wir mit der Zunge an den Zähnen entlang, spüren wir, wie schön glatt und blank sie sich anfühlen. Dann versuchen wir uns zu

Was wäre, wenn ...

Essen hat nicht nur Folgen für die Zähne. Wir versuchen uns auszumalen, was passiert, wenn wir bestimmte Speisen ablehnen oder immer nur unsere Lieblingsspeisen zu uns nehmen.

Dazu bemalen oder bekleben wir Kärtchen von zwei Seiten. Auf die eine Seite kommt ein „Wenn"-Bild, zum Beispiel eine Flasche Limo, auf die andere ein Fragezeichen. Mögliche „Wenn"-Bilder könnten sein:

– wenn es nur noch das Lieblingsgericht, zum Beispiel Spaghetti, gibt
– wenn ich nur Würstchen esse
– wenn Gemüse und Obst verboten werden
– wenn ich ohne Frühstück losgehe
– wenn ich vor dem Mittagessen Limo trinke
– wenn ich nie „neue Sachen" probiere
– wenn meine Zahnbürste verschwindet.

Wer möchte, kann nun eine Dann-Geschichte zum Wenn-Bild erfinden und dabei seiner Phantasie freien Lauf lassen. Sowohl ein gutes als auch ein schlechtes Ende sind möglich. Beim Erzählen entdecken wir, daß wir oft genau wissen, was gut für uns wäre, es aber nicht beachten. Wie kommt das? Vielleicht lassen sich auch Lösungen finden. Zum Beispiel: „Ich liebe Limo. Ich trinke sie nur hin und wieder, so schmeckt sie mir und tut meinem Körper gut ..."

Gesund und gut

Wer sich auf Dauer gesund ernähren möchte, muß vor allem seinen Bauch überzeugen – mit gesundem Essen, das richtig gut schmeckt. Mit dem Kopf allein schafft man es nicht. Deshalb sind auch Drohungen oder versteckte Warnungen nutzlos.

1001 Nacht

Frühstück macht gute Laune

Auch beim Schlafen arbeitet der Körper und verbraucht Energie. Morgens müssen wir unseren Krafttank wieder auffüllen, um fit für den Vormittag zu sein. Wer am Morgen immer schlechte Laune hat und zu Wutausbrüchen neigt, frühstückt vielleicht einfach zu wenig. Der Körper ist dann unterzuckert. Es fehlt der sogenannte „Blutzucker". Muskelzellen benötigen Blutzucker als „Brennstoff". Sie verbrennen ihn, damit wir laufen, arbeiten oder spielen können. Bekommen sie zu wenig Zucker, werden sie schlapp – die Knie werden weich, man wird ärgerlich, ohne daß einen jemand geärgert hat. Ganz besonders ist das Gehirn auf Blutzucker angewiesen, denn die Gehirnzellen können keine anderen Brennstoffe – wie Fett und Eiweiß – verwerten. Ideal ist ein Frühstück in zwei Etappen. Das erste Frühstück dient als Sprungbrett in den Tag, das zweite hilft, auch am späten Vormittag leistungsfähig zu bleiben.

Frühstücken wie Ali Baba

Hektik am Frühstückstisch oder einfach nicht wach genug, um zu frühstücken? Viele Kinder verlassen morgens das Haus, ohne etwas zu essen. Um Frühstücksmuffel aus der Reserve zu locken, gönnen wir uns einmal etwas Besonderes – zum Beispiel ein Frühstück wie in 1001 Nacht, bei dessen Zusammenstellung die Kinder mitmachen dürfen. Alle beteiligen sich an den Vorbereitungen und entscheiden gemeinsam, wie der Tisch gedeckt werden soll.
Die Kinder sollten das Frühstück als Mahlzeit erleben, die märchenhaft bunt sein kann und ihnen eine Fülle von Wahlmöglichkeiten bietet. Und sie sollten erkennen, daß Frühstücken wichtig ist, um Körper und Geist in Schwung zu bringen.

Müsli-Büffet „Sesam, öffne dich"

Mehrere Schüsseln mit Zutaten für ein Müsli nach eigenem Geschmack werden bereitgestellt. Die Kinder sollen sich auf je fünf bis sechs frische und trockene Wunschzutaten für das Müsli-Büffet einigen. Zum Beispiel:
• *trockene Zutaten: 500 g grobe Haferflocken, 100 g getrocknete Bananenscheiben, 100 g Kürbiskerne, 200 g Quinoa, 200 g Rosinen, 200 g Sesamkerne, evtl. 100 g Cornflakes*
Das Quinoa portionsweise in einer Pfanne trockenrösten, bis es pufft. Kürbis- und Sesam können mitgeröstet werden, so schmecken sie viel aromatischer. Alle Zutaten getrennt aufs Büffet stellen. Aus diesen Zutaten läßt sich auch eine Lieblings-Müsli-Mischung auf Vorrat herstellen.

• *frische Zutaten: 1 l Milch, 250 g Beeren der Saison (auch tiefgekühlte), 500 g Naturjoghurt, Himbeersirup, 5 Orangen, 1/4 l Sprudel, 1 Honigmelone, 500 g Nektarinen*
Die Milch in einer Kanne auf den Tisch stellen. Die Beeren pürieren, mit dem Joghurt verrühren und mit Himbeersirup abschmecken. Orangen auspressen, den Saft mit Sprudel auffüllen und in einer Karaffe servieren. (Im Sommer statt dessen 250 g Erdbeeren oder Pfirsiche pürieren.) Die Melone schälen, entkernen und in dünne Ringe schneiden. Nektarinen oder andere Früchte der Saison waschen, entsteinen und würfeln. Die Früchte getrennt in Glasschüsseln anrichten. Helle Früchte mit etwas Zitronensaft vor dem Verfärben schützen.

Windbeutel „fliegender Teppich"

Wer weiß, wie man Windbeutel zubereitet? Es ist spannend, dabei zuzuschauen und sie später auf einem (f)liegenden Teppich zu verspeisen.
• *Zutaten: 50 g Butter, 1 Prise Jodsalz, 150 g Weizenvollkornmehl, 4 Eier, 1 TL Backpulver*
Einen Viertelliter Wasser mit der Butter und dem Salz zum Kochen bringen. Das Mehl auf einmal zugeben und rühren, bis sich ein Teigkloß vom Topfboden löst. Den Topf von der Herdplatte nehmen. Mit einem Handrührgerät nacheinander die Eier unterkneten. Zum Schluß das Backpulver einarbeiten. Mit Hilfe von zwei Eßlöffeln zehn kleine Häufchen auf ein bemehltes Backblech setzen. Bei 225 °C (Umluft 200 °C) 20 bis 25 Minuten backen. Die Windbeutel abkühlen lassen und kurz vor dem

Servieren mit einer fruchtigen oder herzhaften Füllung anrichten.

• *Zutaten Fruchtfüllung: 500 g Magerquark, 2 EL Sprudel, 1 bis 2 EL Honig, 250 g Erdbeeren, Aprikosen, Mandarinen, kernlose Weintrauben, evtl. 1 Päckchen Sahnesteif*

Den Quark mit Sprudel und Honig cremig rühren. Das Obst waschen bzw. schälen, würfeln und unter den Quark ziehen. Ist der Quark zu flüssig, Sahnesteif zufügen. Die Windbeutel kurz vor dem Servieren mit der Quarkmasse füllen.

• *Zutaten herzhafte Füllung: 200 g Hüttenkäse, 1/2 gelbe Paprika, 1/2 rote Paprika, Jodsalz*

Hüttenkäse verrühren. Paprikaschoten waschen, putzen, würfeln und mit dem Hüttenkäse vermischen. Bei Bedarf sparsam salzen.

Räuberringe für Ali Baba

Beim Zubereiten dieser Quarkbrötchen werden Kinder ihren Spaß haben. Die Ringe sind schnell gebacken und schmecken am besten frisch. Wer möchte, kann aus dem Teig auch Osterhasen, Weckmänner oder andere Phantasiebrote formen. Reste lassen sich am nächsten Tag aufbacken.

Zutaten: 750 g Weizenvollkornmehl, 1 1/2 Päckchen Backpulver, 750 g Magerquark, 5 EL Honig, 1 Prise Jodsalz, 125 ml Sprudel, Sesamkerne, Sonnenblumenkerne, Kürbiskerne, Mandeln, 1 Eigelb

Das Mehl mit dem Backpulver vermischen. Quark, Honig, Salz und Sprudel unterkneten. 20 kleine Ringe oder andere Gebilde formen, und diese mit Kernen und Mandeln verzieren. Das Eigelb mit etwas Wasser verquirlen, und die Ringe damit bestreichen. Auf einem gefetteten Backblech bei 200 °C (Umluft 180 °C) etwa 25 Minuten backen.

Mini-Wahrsager-Kugeln

Pfiffig und schnell zuzubereiten sind diese Kugeln aus Frischkäse.

• *Zutaten: 200 g Frischkäse, 1/2 Bund Petersilie, 1 kleine Möhre, 3 EL Kokosflocken*

Frischkäse teelöffelweise zu Kugeln rollen. Gehackte Petersilie in eine, geraspelte Möhren in eine andere Schüssel geben. In eine dritte Schüssel die Kokosflocken füllen. Die Kugeln in jeweils einer Schüssel wälzen und auf einem Glasteller anrichten. Besonders hübsch sehen sie in Pralinenmanschetten aus.

Gemüsefrösche Kalif Storch

„Sei kein Frosch und greif zu", munkelt diese Rohkostplatte.

• *Zutaten: 2 Salatgurken, 5 Tomaten, 1 gelbe Paprika, 2 Möhren, 1 Bund Petersilie, 2 Kiwis, 2 Mandarinen, 500 g kernlose Trauben*

Obst und Gemüse waschen und putzen bzw. schälen. Die Salatgurke (nicht schälen) in zehn Stücke teilen – sie dienen als Froschkörper. Ins obere Drittel jeweils eine Kerbe schneiden und eine lange Möhrenzunge hineinstecken. Zwei kleine Paprikawürfel und zwei kleine Weintrauben auf Zahnstochern dienen als Froschaugen, zwei Tomatenscheiben als Füße. Auf dem Kopf unseres Froschs liegt eine Kiwischeibe, auf der Petersilienhaare wachsen. Er sitzt auf einer „Wiese" aus Mandarinen, Trauben und den Gemüseresten.

Was der Körper erzählt

Motor statt Muskeln
In den letzten 200 Jahren verdrängten energiereiche Speisen die kalorienarmen Volksspeisen wie Getreidebrei, Bohnen- oder Gemüseeintopf ohne Speck. Gleichzeitig wurde von Maschinen immer mehr Arbeit übernommen. Auch Hobbys wie Fernsehen und Computerspiele verbrauchen nur wenig Kalorien. Doch viele Menschen essen noch wie Schwerarbeiter. Wenn wir uns zu wenig bewegen, rächt sich dies: Erstens werden weniger Kalorien verbrannt. Zweitens baut der Körper Muskeln ab. Muskelmasse benötigt – auch im Ruhezustand – mehr Energie als zum Beispiel Fettmasse. Außerdem sorgt Bewegung für Abwechslung und Wohlbefinden – und man ißt nicht aus Langeweile.

Ich kann meinen Körper spüren: wenn ich Hunger habe, wenn ich satt bin, wenn ich mich wohl fühle.

Viele Menschen schenken ihrem Körper wenig Aufmerksamkeit. Sie denken nur an ihn, wenn es irgendwo kneift oder zwickt, wenn sie Hunger haben oder sich krank fühlen. Weniger eindeutige Signale nehmen sie nicht wahr. Das ist schade, der Körper hat nämlich mehr mitzuteilen. Zum Beispiel, ob es ihm gutgeht. Sich pudelwohl zu fühlen ist eine sehr körperliche Empfindung. Lernen wir also unseren Körper kennen und entdecken, was er uns alles zu sagen hat. Dabei erfahren wir auch, wie wir ihn verwöhnen können.

Mein Körper stellt sich vor
Zwei Kinder, die sich mögen, sitzen einander gegenüber. Eines läßt sich die Augen verbinden. Das andere Kind tippt nun vorsichtig verschiedene Körperstellen des „blinden" Freundes an: zum Beispiel den Fuß, den Bauch, die Schulter, das Ohrläppchen. Dieser benennt die Körperteile, an denen er berührt wurde. Klappt das gut, dürfen zwei, drei, vier, fünf Stellen nacheinander angetippt werden. Wer kann sie anschließend in der richtigen Reihenfolge aufzählen? Lassen sich „neue" Körperteile entdecken? Oder kennen alle ihre Körperteile und Gliedmaßen schon mit Namen?
Wir entdecken, daß der Körper aus vielerlei Formen besteht, die alle zu uns gehören. Berühren wir ihn

an verschiedenen Stellen, erleben wir ihn al· Einheit. All seine Teile wirken zusammen. Zum Mund gehören zum Beispiel die Hände. Zum Bauc· gehört ein Kopf. Was wir uns mit den Händen in de· Mund schieben, rutscht in den Bauch und wird dor· zerlegt. Wer kann weitere „Ketten" bilden?

Ich bin groß und klein, schmal und breit
Bewegung ist Veränderung. Wir können spüren· wie der Körper mit der Bewegung immer lebendige· wird und viel mehr auf sich aufmerksam macht al· im Sitzen oder Liegen. Machen wir uns groß un· klein, schmal und breit, löst das ganz unterschied· liche Empfindungen aus:

Meine Arme sind sooo lang
und meine Beine noch viel länger,
ich recke und strecke mich immer höher.
Ich werde so riesig wie ein Baum
und dabei so schmal wie die
Latte im Zaun.
Ganz klein, auf den Boden
kau're ich mich.
Wie ein Frosch springe ich:
Und nun bin ich wieder ich!

Wir strecken die Arme nach vorne, zu den Füße· recken uns nach oben und versuchen, ganz schma· und eng zu stehen. Dann kauern wir uns hin, sprin· gen auf und schütteln Arme und Beine aus. Welch·

Position hat sich besonders gut, welche eher schlecht angefühlt? Wollen wir dem Körper nun etwas Gutes tun? Was wäre jetzt schön? Herumtollen, tanzen, toben? Oder einander verwöhnen?

Die Rücken-Verwöhn-Pizza

Alle sitzen mit gespreizten Beinen in einem Kreis dicht hintereinander. Der Rücken des jeweiligen Vorderkindes dient den kleinen Pizzabäckern als Pizzablech. Wir legen einen Klumpen Teig darauf und kneten ihn behutsam durch. Dann wird der Teig nach allen Seiten sanft ausgerollt. Mit einer Gabel, den Zeigefingern, stechen wir kleine Löcher hinein. Anschließend verstreichen wir Tomatensoße auf der Pizza, lassen Zwiebelringe und Ananasscheiben sich kringeln, Salamischeiben, Paprikastückchen und andere Zutaten „Platz nehmen". Schließlich zupfen wir mit allen Fingern den Reibekäse auf dem Blech zurecht. Mit beiden Händen schieben wir die Pizza in den Ofen. Mmmmmh. – Tat das gut? Fühle ich mich nun weich, entspannt, müde? Oder eher wach, angeregt, heiter? Geht es mir gut? Wie fühlt sich das an?

Ich fühl' mich wohl

Die Kinder setzen oder legen sich ganz gemütlich hin. Wer möchte, kuschelt sich in eine Decke oder nimmt ein Stofftier in den Arm. Dann schließen alle die Augen und überlegen, wann sie sich das letztemal rundum wohl gefühlt haben. War das an einem besonderen Ort, auf einer Sommerwiese vielleicht oder in einem bestimmten Zimmer?
Wie sah es dort aus, und was habe ich dort gemacht? Wo genau habe ich das Wohlgefühl gespürt? Strahlte es vielleicht von einem bestimmten Punkt im Körper nach allen Seiten aus? Hat es mich glücklich gemacht? Fühle ich mich jetzt gerade genauso wohl?
Wer genug „geträumt" hat, öffnet die Augen und setzt sich auf. Wer möchte, malt ein Wohlfühl-Bild mit all den schönen Dingen, die er gesehen hat.

Der Bauch knurrt wie ein Wolf

Satt und hungrig

Im Gehirn gibt es ein Hunger- und Sättigungszentrum. Es ist so groß wie ein Golfball und meldet uns, wenn der Magen leer ist. Außerdem weiß es, wie lange er schon nichts mehr bekommen hat. Blut, Muskeln und Organe teilen ihm mit, wenn sie Energie benötigen, zum Beispiel Zucker. Dann bekommt man Lust auf Süßes. Das Gehirn „funkt" an Magen, Mund, Ohren, Augen und Nase: „Bitte auf Nahrungssuche gehen und auf der Stelle anfangen zu essen." Energie aus Keksen und Kuchen ist allerdings schnell verbraucht. Bessere Energiequellen sind Nudeln, Reis, Vollkornbrot und Obst. Fehlt der Nachschub, ordnet das Gehirn Energiesparen an. Bei einem Erwachsenen kann das schon nach vier Stunden ohne Essen geschehen, bei Kindern noch schneller. Dann bekommt man schlechte Laune und wird unruhig. Deshalb sind für Kinder fünf bis sechs kleine Mahlzeiten, über den Tag verteilt, ideal.

Hunger knurrt — Appetit murrt

Haben wir eine Zeitlang nichts gegessen, wird uns komisch zumute. Der Magen beginnt zu gluckern und schließlich lauthals zu knurren – wir haben Hunger. Am liebsten würden wir einen Riesenteller unseres Leibgerichts vertilgen.

Anders ist es beim Appetit: Er macht uns Lust auf ganz bestimmte Speisen, auch wenn wir gar nicht hungrig sind. Wir essen dann nicht, um satt zu werden, sondern weil es uns so gut schmeckt.

Hunger und Appetit sind manchmal gar nicht so leicht voneinander zu unterscheiden. Kommen wir ihnen jedoch auf die Schliche, können wir so essen, wie der Körper es wünscht.

Der Hunger versteckt sich in Ohren, Mund und Bauch

Auf dem Boden liegen Kissen. Jedes Kind setzt sich auf ein Kissen, betrachtet und betastet seinen Bauch. Ist der leer oder voll oder „unentschieden"? Wie fühlt er sich an? Und wie meldet sich eigentlich der Hunger? Mit Magenknurren? Knurrt auch der Rücken? Wir schließen die Augen und betasten auch unseren Rücken. Oder sitzt der Hunger vielleicht im Mund? Mit den Fingern streichen wir um Mund und Kiefer bis zu den Ohren und lassen die Zunge im Mund herumwandern. Stecken wir die Zeigefinger in die Ohren, hören wir: bum-wa-bum-bum … Das ist der Herzschlag. Mit jedem Herzschlag wird Blut durch den Körper gepumpt. Blut, das nicht nur das Essen durch den ganzen Körper transportiert, sondern auch kleine Boten, die rufen „Hunger! Essen her!"

Wir öffnen die Augen. Wo haben wir den Hunger „gesehen"? Und wie hängen Hunger und Essen zusammen? Essen wir nur, wenn wir Hunger haben? Oder weil gerade Essenszeit ist und wir es gewohnt sind, uns dann an den Tisch zu setzen? Wer bekommt Lust zu essen, wenn der Freund oder die Freundin etwas knabbern oder Gebäck auf dem Tisch steht?

*Mutter, Vater, ich hab' Hunger
Weißt du, wo?
Di-da-do.
(Susanne Stöcklin-Meier)*

Bei „Mutter" zupfen die Kinder am linken, bei „Vater" am rechten Ohrläppchen, bei „Hunger" am Bauch. Bei „Weißt du, wo?" überlegt sich jedes Kind, welcher Körperteil hungrig ist, und tippt bei „Di-da-do" dreimal darauf.

*Ich hab' keine Worte
aber ich sage, was ich will.
Ich spreche keine Sprache,
aber man versteht mich auf der
ganzen Welt.
Wer bin ich?
(Hunger)*

Der Appetit, der kleine Bruder des Hungers

Was essen wir bei Hunger, was bei Appetit? Auf einem Tuch breiten wir verschiedene nahrhafte Lebensmittel sowie ihre stark verfeinerten „Geschwister" aus: zum Beispiel Kartoffeln und Chips, Vollkornbrot und Kekse, Milch und Milchschnitte oder Schokolade, Äpfel, Bananen und

Fruchtbonbons, Reis und Milchreis, Wasser und Limo ... Die Kinder sortieren die Lebensmittel nach Sattmachern und nach Appetithappen. Welche Rolle spielten dabei das Aussehen oder der Geschmack der Speisen? Machen Appetithappen wie Kekse oder Schokolade anders satt als Brot oder Joghurt? Passiert es uns manchmal, daß wir nicht mehr aufhören können zu naschen? Das liegt daran, daß Süssigkeiten das Blut regelrecht „zuckern". Haben sich Blut und Zunge daran gewöhnt, „gezuckert" zu werden, verlangen sie dauernd Nachschub.

Detektiv Spürnase auf Appetitfang

Unser Detektivspiel führt uns durch eine Einkaufsstraße oder über den Markt. Dort suchen wir gemeinsam nach kleinen Appetitmachern und verlassen uns dabei ganz auf unsere Spürnasen: Was duftet appetitlich und verführerisch? Aus der Bäckerei kommt uns bestimmt ein leckerer Duft entgegen. Und wie riecht es beim Metzger? Wir schnuppern am Gemüsestand – vielleicht dürfen wir auch Früchte in die Hand nehmen und daran riechen. Wie „schmeckt" der Geruch des Fischstandes? Und der von der Käsetheke? Vorsichtig halten wir die Nasen über einen Mülleimer, behutsam fächeln wir uns die Düfte zu, die aus leeren Pfandflaschen entweichen ... Am Ende überlegen wir noch einmal: Welche Düfte haben uns Appetit gemacht? Und was roch so schrecklich, daß es uns den Appetit verdorben hat?
Als gute Detektive wissen wir, daß manche Bäckereien, vor allem im Supermarkt, den Duft von Frischgebackenem ganz gezielt auf die Straße oder an die Verkaufstheke leiten, um möglichst viele Kunden anzulocken.

Die Köchin hat gerufen

Auch wenn wir eine Speise noch nie gekostet haben, können wir anhand des Namens oder der Zutaten recht gut beurteilen, ob sie uns schmecken wird. Wir wollen das einmal ausprobieren. Ein Kind setzt sich einen Hut auf. Es ist Herr oder Frau Appetit. Während es zwischen den anderen Kindern, die fröhlich hüpfen, umhergeht, überlegt es sich eine besonders appetitliche oder eine furchtbar unappetitliche Speise und ruft sie in die Runde: „Spinnenbeinsalat" zum Beispiel oder „Himbeereis mit Sahne", „Muschelsuppe mit Regenwürmern" oder „Frühstücks-Schokoladentorte"... Je phantastischer die Speisen, um so besser. Die anderen Kinder antworten mit entsprechenden Bewegungen und Geräuschen, schütteln sich beispielsweise vor Ekel. Fällt dem Appetit-Kind nichts mehr ein, darf es seinen Hut weitergeben.
Manchmal irrt sich unsere Phantasie aber auch. So manche neue Speisen schmeckt doch besser als vermutet. Machen wir unseren Appetit neugierig und probieren zum Schluß eine den Kindern unbekannte Speise.

Mir läuft das Wasser im Mund zusammen

Buntes macht mir Appetit

Der Appetit kommt beim Essen – wenn es so angerichtet ist, daß wir gerne zugreifen. Beim Verzieren von Speisen mit bunten Obst- oder Gemüsestückchen können Kinder spielerisch entdecken, was sie besonders appetitlich finden.

Klein und fein und bunt

Wir bereiten gemeinsam Speisen für ein „Testbüffet" zu: einen großen Teller Mischsalat mit Salatsoße, mehrere Schüsselchen mit je einer Salatsorte, dazu einen Krug Salatsoße, Fleischtomaten und Cocktailtomaten, Käsebrote ohne Dekoration und Käsebrote mit Sonnen aus Gurkentalern, Möhrenstreifen und Tomatenschiffchen. Jedes Kind darf sich nun eine kleine Mahlzeit zusammenstellen.

Welche Speisen sehen am verlockendsten aus? Die bunten, verzierten, in kleinen Portionen angerichteten oder die anderen? Wer häuft sich lieber Mischgemüse auf den Teller und wer lieber ein paar Möhren, Gurken oder Brokkoliröschen? Sind die Fleischtomaten oder die Cocktailtomaten beliebter? Haben wir die Mahlzeiten fertig zusammengestellt, betrachten wir unsere Teller. Sind sie voll bis an den Rand, oder ist noch Platz darauf? Wie sind die Zutaten angeordnet? Übersichtlich und ordentlich oder eher wild durcheinander?

Wir sehen: Bunte, abwechslungsreiche Mahlzeiten gefallen den Augen und dem Appetit meist besser als Berge blasser Speisen. Ein wildes Durcheinander auf dem Teller widerstrebt dem Ordnungssinn vieler Kinder. Eine Soße läßt das Essen besser rutschen.

Gaumenkitzler

Geht man ins Restaurant, bekommt man vor dem Essen häufig kleine, verzierte Häppchen gereicht, die sogenannten Gaumenkitzler. Sie sollen uns Appetit auf die nachfolgende Mahlzeit machen und uns buchstäblich das Wasser im Mund zusammenlaufen lassen. Spürt der Körper nämlich, daß er gleich etwas zu essen bekommt, macht er sich bereit, zu verdauen: Er beginnt schon einmal, Speichel und Magensaft fließen zu lassen. Als alltägliche Gaumenkitzler kann man zum Beispiel Äpfel, Tomaten oder etwas frischen Salat reichen.

Der Obst- und Gemüsezoo

Gemüse und Obst in ungewohnten Formen und Zusammenstellungen lockt manchen Gemüsemuffel aus der Reserve.

Mit Apfelausstechern, Förmchen zum Teigausstechen, Kugelmessern, Canneliermessern und kleinen Küchenmessern schnitzen wir Obst- und Gemüseverzierungen. Dabei sollte das Obst- oder Gemüsestück immer auf einem Brettchen liegen. Die Finger zu einer Kralle formen, so daß die Fingerkuppen geschützt sind. Helles Obst mit Zitrone beträufeln, damit es sich nicht braun verfärbt. Mit etwas Phantasie läßt sich mit Hilfe von Zahnstochern aus Obst- und Gemüsestückchen ein ganzer Zoo basteln. Zu welchen Speisen passen die Tiere besonders gut?

Gurkenherzchen

Eine Salatgurke gründlich abwaschen, in Scheiben schneiden, und die Kinder mit kleinen Förmchen ausstechen lassen, was ihnen in den Sinn kommt: Herze, Pilze, Blumen, Rauten ... Auch Schnittkäse oder -wurst und belegte Brote schmecken ausgestochen gleich viel besser (beim Brot vorher die Rinde entfernen). Wer hat weitere Ideen?

Gratin Villa Kunterbunt

Aus den Resten zaubern wir ein köstliches Mahl.

• *Zutaten: Reste des Gemüsezoos, 500 g Vollkornnudeln, 500 g Dickmilch, 3 Eier, Jodsalz, Pfeffer, Muskat, 125 g geriebener Butterkäse*

Die Nudeln garen und mit dem Gemüse vermischen (ansonsten mit 500 Gramm kleingeschnittenen Tomaten, einer gewürfelten grünen und gelben Paprika). Die Dickmilch mit den Eiern verrühren und mit den Gewürzen abschmecken. Das Gratin bei 200 °C (Umluft 180 °C) etwa 20 bis 30 Minuten backen und zehn Minuten vor Garende mit Käse bestreuen.

Kartoffelrosetten

Aus Kartoffelbrei, Brotaufstrichen, Cremes oder geschlagener Sahne lassen sich mit einem selbstgebastelten Spritzbeutel lustige Verzierungen zaubern. Man kann damit sogar „malen".

Appetitkörbchen

Fleischtomaten, Apfelsinen, Paprika, Melonen oder Kiwis kann man in kleine Töpfchen, Körbchen oder Krönchen (mit Zickzackrand) verwandeln. Hinein kommen feine Rohkoststäbchen oder Gemüsewürfel. Jedes Kind bekommt ein Appetitkörbchen auf den Teller – am besten jeden Tag ein anderes!

Ist das zuviel Aufwand, legen die Kinder vor dem Essen füreinander kleine Sträußchen aus Paprika, Möhren, Fenchel oder anderem Gemüse. Mit einem Bändchen aus Schnittlauch lassen sie sich zusammenhalten.

Appetit kann auch entstehen, wenn eine Mahlzeit ungewöhnlich oder bunt angerichtet wird. Kiwis, Weintrauben oder Mandarinen auf herzhaften Speisen reizen zum Probieren – genauso wie rote und orangefarbene Farbtupfer aus Möhren oder Tomaten. Diese finden Kinder besonders appetitlich.

Toben, tollen, turnen, trinken

Wie Durst entsteht

Durst macht wie Hunger auf einen Mangel aufmerksam. Zuerst entsteht Durst in der Haut und den Muskeln. Fehlt ihnen Flüssigkeit, saugen sie „Wasser" aus dem Blut ab. Das Blut wiederum holt sich Flüssigkeit aus den Organen, vor allem dem Mund. Haben wir zu wenig Speichel im Mund, trocknet die Mundhöhle aus. Wir werden durstig. Der menschliche Körper besteht zu Dreivierteln aus Wasser. Um nicht auszutrocknen, benötigt er pro Tag ungefähr zwei Liter Wasser. Durst verkraften wir viel schlechter als Hunger: Nähme ein Mensch drei bis vier Tage lang keinerlei Flüssigkeit auf, würde er verdursten.

Kleine Leute haben großen Durst

Kinder bekommen viel schneller Durst als Erwachsene. Ihre Hautoberfläche ist – im Verhältnis zum Körpergewicht – größer, ihre Wasserreserven sind jedoch geringer, so daß sie schneller Flüssigkeit verlieren. Doch wie genau fühlt sich Durst eigentlich an? Und was geschieht mit der Flüssigkeit, die wir zu uns nehmen? Schenken wir dem „Kreislauf des Wassers" unsere Aufmerksamkeit, entdecken wir, wie wichtig es für uns ist.

Wasser und weiße Wölkchen

Der Körper verliert andauernd Wasser. Pro Tag machen wir etwa soviel Pipi, wie in zwei Becher paßt, müssen aber fünf Becher Flüssigkeit zu uns nehmen. Was aber geschieht mit dem Rest?
Wir hauchen einen Spiegel an. Er wird trübe – ganz feine Wassertröpfchen haben sich auf ihm niedergelassen. Jedesmal wenn wir ausatmen, pusten wir Wasserdampf in die Luft. Im Winter läßt sich das besonders gut beobachten: Dann entsteht beim Ausatmen eine weiße Wolke. Man kann sie so gut sehen, weil sie wärmer ist als die Luft drum herum. Auch die Haut gibt Wasser ab, besonders viel beim Schwitzen. Alle überlegen: Wann haben sie schon einmal geschwitzt? Nach dem Toben? Oder bei großer Hitze? Beim Schwitzen entsteht ein feuchter Film auf der Haut. Was dieser Film bewirkt, spüren wir, wenn wir uns etwas Wasser auf den Arm streichen. Es kühlt die Haut ab. Kosten wir echten Schweiß, stellen wir fest, daß er salzig schmeckt. Denn mit dem Wasser verläßt auch Salz den Körper. Das Wasser und die Stoffe, die wir mit ihm im Laufe des Tages verlieren, müssen wir wieder zu uns nehmen.

Durstmacher und Durstlöscher

Bestimmt haben alle schon einmal sehr großen Durst gehabt. Wo im Körper hat dieser Durst auf sich aufmerksam gemacht? Im Bauch, wie der Hunger, oder eher im Mund? Wir versuchen zu beschreiben, wie Durst sich anfühlt und worauf er uns große Lust macht. Auf Limo oder Fruchtbrause vielleicht? Oder auf Früchtetee, Mineralwasser oder Saft mit Sprudel? Welche Getränke löschen den Durst am besten? Und welche machen eher noch durstiger, gleichzeitig aber satt? (Limo und Fruchtbrause, denn sie enthalten eine Menge Zucker.)

Wir spielen Durst

Gibt der Körper Flüssigkeit ab, bleiben feste Bestandteile in ihm zurück und rücken eng zusammen – so eng, daß es sich schließlich unangenehm anfühlt und wir Durst bekommen. Richtig gut vorstellen können wir uns das, wenn wir einen großen, durchsichtigen Plastikbeutel mit Wasser und verschiedenen bunten Gegenständen füllen. Manche von ihnen schwimmen, andere gehen unter – wie in den kleinen Wasserbeuteln im Körper auch. Binden wir den Beutel oben zu, können wir die Gegenstände hin und her schaukeln. Ähnlich wie diese rutschen die Bauteilchen im Blut auch umher. Nun stechen wir ein kleines Loch in den Beutel und lassen ihn Pipi machen. Es spritzt und plätschert lustig, aber je mehr Wasser wir verspritzen, desto schlechter können die Gegenstände schwimmen. Sie stoßen aneinander und liegen schließlich ganz schlapp im leeren, knittrigen Beutel. Da hilft nur: Wasser nachkippen – und das den ganzen Tag.

Wir bauen eine Trinkbar

Sie enthält leckere, durstlöschende Mixgetränke, die mit Sprudel oder Trinkwasser gemischt werden. Jedes Rezept ergibt zehn Gläser. Die Kinder können auch selbst Rezepte erfinden. Dabei sollten immer zwei bis drei Teile Wasser oder Tee auf einen Teil Saft kommen.

Grüne Lilli mit Apfel und Minze

• *Zutaten: 1 Handvoll frische Pfefferminze, 5 Kiwis, 1 Zitrone, 1/2 l Apfelsaft, 1 l Sprudel, evtl. Waldmeistersirup*

Einen Liter Pfefferminztee kochen. Die Blätter nach zehn Minuten herausnehmen. Während der Tee abkühlt, Kiwis pürieren und Zitronensaft unterrühren. Das Püree und den Apfelsaft mit dem Tee mixen. Vor dem Servieren Sprudel zugießen. Richtig grün wird das Getränk mit vier bis fünf Eßlöffeln Waldmeistersirup.

Kleine-Teufel-Bowle

• *Zutaten: Früchtetee, 1/2 l roter Trauben- oder Kirschsaft, 200 g Honigmelone*

Einen Liter Früchtetee kochen, abkühlen lassen und mit dem Saft auffüllen. Die Honigmelone (oder anderes Obst der Saison) in kleine Stücke schneiden oder mit dem Kugelausstecher aushöhlen, und die Stückchen zum Getränk geben.

Hasen-Cocktail

• *Zutaten: 2 Möhren, 1 Zitrone, 1 l Orangensaft, 1 l Sprudel, Birnendicksaft*

Möhren schälen und reiben, die Zitrone auspressen. Saft und Möhrenmus mit dem Pürierstab durchmixen. Den Orangensaft zugeben, und Sprudel unterschlagen. Mit Birnendicksaft abschmecken und sofort servieren.

Tip: Statt mit geriebenen Möhren kann man den Cocktail auch mit 100 bis 200 ml Karottensaft „färben" und abschmecken.

Eistee „Schneekönigin"

• *Zutaten: 1 l Ananassaft, Gänseblümchen, 1 Zitrone, 2 l Melissentee*

Zwei Eiswürfelbehälter mit Ananassaft füllen und einfrieren. Gänseblümchen waschen und trockentupfen. Die Köpfchen abzupfen, einzeln in einen dritten Eiswürfelbehälter legen, mit etwas Wasser übergießen und ebenfalls einfrieren. Die Saft-Eiswürfel in einen Topf geben und etwas zerstampfen. Die Zitrone auspressen, und den Saft über die Eisbröckchen gießen. Den restlichen Ananassaft zufügen, und alles mit zwei Litern eiskaltem Tee auffüllen. Den Eistee in eine Glaskaraffe umfüllen. Vor dem Servieren die Gänse-blümchen-Eiswürfel zufügen.

Tip: Auch andere Kräuter, Blütenblätter oder kleine Fruchtstückchen können eingefroren werden. Pikst man Zahnstocher hinein, bekommt man Mini-Eis am Stiel.

Kugelrund und vollgenudelt

Zum Platzen voll sein – das fühlt sich nicht gut an und macht schlapp. Ich kann vorher spüren, wann es reicht.

Satt sein

Sättigung ist das Gegenteil des Hungers. Beide Empfindungen werden vom Gehirn gesteuert. Schickt der Körper die Botschaft: „Ich habe genug" an das Gehirn, so antwortet es mit verschiedenen Empfindungen, die sich wie ein Puzzle zu dem Gefühl des Sattseins zusammensetzen. Am stärksten fühlen wir den prall gefüllten Magen. Doch auch Menschen ohne Magen können sich satt fühlen. Denn die Nährstoffe, die ins Blut übertreten, lassen ein länger anhaltendes Sättegefühl entstehen. Wir kauen und schlucken unwillkürlich langsamer und spüren, wie sich eine wohlige Ruhe in uns ausbreitet.

Wenn wir gut gegessen haben, fühlen wir uns satt. Doch woran merken wir das? Ganz klar: Unser Bauch sagt uns, wann er voll ist. Er fühlt sich an, als wolle er platzen. Aber dann haben wir eigentlich schon zuviel gegessen. Zu spüren, ob man satt ist, ist gar nicht so einfach. Oft überhören wir die Signale des Körpers. Lernen wir jedoch, darauf zu achten, fällt es uns leichter, zu entscheiden, ob wir noch eine weitere Portion unseres Essens verspeisen wollen.

Der Bauch ist wie ein Luftballon

Was macht der Körper mit dem Essen? Um ein Gefühl dafür zu bekommen, legen wir uns auf den Rücken, die Hände auf dem Bauch. Dann holen alle tief Luft und spüren, wie ihr Bauch dick und rund wird und sich nach oben reckt. Beim Ausatmen sinkt er in sich zusammen. Ganz ähnlich dehnt der Bauch sich beim Essen. Die Nahrung sammelt sich im Magen wie Luft in einem Luftballon. Nach und nach leert der Körper diesen Ballon wieder aus, und der Bauch wird flach.

Wir spüren das Sattsein

Sitzt das Gefühl, satt zu sein, nur im Bauch? Versuchen wir einmal, mit dem ganzen Körper zu spüren, wie es ist, wenn zum Beispiel ein Apfel uns satt macht.

Wir legen uns auf Decken und machen es uns ganz gemütlich. Nun schließen wir die Augen und stellen uns einen kleinen roten Apfel vor.

Den ganzen Sommer über hängt der kleine rote Apfel schon am Baum und läßt sich von der Sonne bescheinen. Süß und saftig hat sie ihn gemacht. Jetzt hängt er reif und rotbackig genau vor meinen Augen. Wie schön er aussieht! ... Ich pflücke den Apfel und spüre seine glatte, kühle Haut ... Ich führe ihn zum Mund. Sein frischer Duft steigt mir in die Nase ... Dann spüre ich ihn an meinen Lippen. Das Fruchtfleisch knackt zwischen den Zähnen, süßer Saft sammelt sich im Mund ... Ich kaue den Apfel so lange, bis weiches Apfelmus aus ihm geworden ist ... Es gleitet leicht den Hals hinunter in den Bauch ... und macht ihn ganz rot und warm. Das warme Rot wandert hinunter in die Beine bis zu den Zehenspitzen ... strahlt hinauf bis in den Kopf. Mein Gesicht wird ganz rot und warm und weich ... Ich fühle mich ganz satt. Ausgefüllt vom süßen Saft und der Sommersonne, die in dem Apfel steckt.
Dann hören wir eine Stimme: „Wer will einen Apfel?" Wir öffnen die Augen, schütteln Arme und Beine aus und stehen langsam auf. Wer möchte einen Apfel essen – und noch einmal spüren, wie es ist, satt zu werden? Und wer möchte erzählen, wie es sich anfühlt, satt zu sein?

Wie satt macht ein Apfel?

Speisen, die wir kaum kauen müssen, machen nicht so gut satt wie knackiger Salat oder körniges Brot. Je mehr eine Speise durch die Art der Zubereitung bereits „vorgekaut" wird, desto weniger haben die Verdauungssäfte zu tun. Deshalb be-

schäftigen Rohkost und Vollkorngerichte den Magen viel länger als Mus oder Saft. Mit einem Apfel wollen wir das ausprobieren.

Vor uns steht ein Teller mit drei knakkigen Äpfeln. Ein weiterer Teller ist mit Apfelmus gefüllt, das aus drei Äpfeln gekocht wurde. Auf dem dritten Teller steht ein Glas Apfelsaft. Das ist etwa die Menge, die drei gepreßten Äpfeln entspricht. In welcher Form sättigen die Äpfel am besten? Wer würde überhaupt die drei frischen Äpfel schaffen?

Schnellesser werden langsam satt

Wir brauchen Zeit, um satt zu werden und um zu merken, daß wir satt sind. Ißt man zu schnell, schlingt man häufig zuviel in sich hinein. Probieren wir einmal aus, wie es ist, schnell und langsam zu essen.

Jedes Kind hat einen Teller mit zwei halben Scheiben Brot und ein Glas Wasser vor sich stehen. Messer und Gabel liegen daneben. Nach dem Startzeichen ißt jeder, so schnell es geht, eine halbe Scheibe Brot auf – mit Messer und Gabel. Wer ist am schnellsten fertig? Hat das Brot geschmeckt? Fühlen wir uns satt? Möchten wir öfter auf diese Weise essen?

Nun geht es in die zweite Runde. Wer braucht am längsten, um die zweite halbe Scheibe Brot aufzuessen? Wie hat es diesmal geschmeckt? Fühlen wir uns nun satter?

Krachmacher und Sattmacher

Je aufmerksamer man ißt, desto besser kann man spüren, wann man satt ist. Laute Musik zum Beispiel lenkt oft so vom Essen ab, daß man es einfach hinunterschlingt. Ist es hingegen ruhig, kann man sich ganz aufs Essen konzentrieren. Wir servieren einen Joghurt mit Bananenstückchen. Wie fühlt es sich an, bei Krach und bei Stille zu essen? Wer möchte, löffelt seinen Joghurt zu dröhnender Rockmusik. Die anderen halten sich die Ohren zu. Die nächste Portion essen wir ganz leise. Niemand redet. Wer sich satt fühlt, hört auf zu essen und hebt mucksmäuschenstill die Hand. Wenn alle fertig sind, überlegen wir: Wann haben wir gespürt, daß wir satt sind? Hat der „laute" oder der „leise" Joghurt besser geschmeckt?

Der stille Tisch

Die Kinder, die gerne in ruhiger Umgebung essen, richten jeweils zu zweit, zu dritt oder zu viert kleine Tische für das gemeinsame Frühstück her, am besten in einer etwas geschützten Ecke des Raumes. Jede Gruppe darf ihren Tisch nach Wunsch gestalten, zum Beispiel mit Tischtuch, Kerze und Blumen. Beim Essen wird an diesen Tischen nur leise gesprochen. Wird es zu laut, machen sich die Kinder gegenseitig mit einem Glöckchen darauf aufmerksam.

Bis die Botschaft „Stop – ich habe genug!" ins Bewußtsein dringt, vergehen mindestens 20 Minuten. Deshalb sollte man sein Eßtempo auf den Körper abstimmen, also kleine Bissen nehmen und gründlich kauen. Häufig, vor allem wenn man einen Bärenhunger hat, schlingt man jedoch innerhalb von zehn Minuten seinen ganzen Teller leer. Ißt man zu schnell, erreicht die Botschaft: „Ich bin satt" das Gehirn zu spät. Ebenso, wenn man abgelenkt wird durch Fernsehen, Bücher oder Spielzeug. Dann fühlt man sich nach dem Essen nicht nur satt, sondern unangenehm vollgestopft.

Ich hab' genug

Neinsager durchstreifen den Supermarkt

Bei einem Ausflug in den Supermarkt wollen wir ausprobieren, ob wir gute Neinsager sind. Bevor wir uns aufmachen, versuchen wir uns zu erinnern, welche Angebote uns bisher immer so verlockend erschienen, daß wir kaum nein sagen konnten. War es vielleicht die Bäckerei im Eingangsbereich, aus der uns so betörende Düfte entgegen wehten? Oder ein riesiger Turm aus Obstdosen, ein Wühltisch mit Süßigkeiten oder kleine Leckereien an der Kasse? Wir überlegen, auf welche Art diese Lebensmittel auf sich aufmerksam gemacht haben. Waren sie nicht alle in Höhe von Kinderaugen und -händen angeordnet, so daß wir ganz schnell zugreifen konnten? Enthielten sie vielleicht kleine „Geschenke"? Wir erkennen: Im Supermarkt werden uns Fallen gestellt, die uns zum Jasagen verführen sollen.

Diese Fallen wollen wir nun suchen und dabei üben, nein zu sagen. Fällt das Neinsagen sehr schwer? Haben wir den Supermarkt ganz durchstreift, malen wir einen Plan davon und zeichnen die Fallen ein.

Tip: Bei diesem Ausflug sollte die Marktleitung vorher informiert werden. Vielleicht ergibt sich auch ein Gespräch mit dem Marktleiter oder der Marktleiterin.

Wie sich Neinsagen anfühlt

Der Teller quillt über, aber der Bauch ist schon voll: „Nein, ich kann nicht mehr!" Kinder haben eine natürliche Eßbremse. Von einem auf den anderen Bissen lassen sie den Löffel fallen. Zwingen Erwachsene sie, den Teller leer zu essen, trauen sie sich später vielleicht nicht mehr, nein zu sagen, und verlieren das Gefühl dafür, wann es genug ist. Kinder sollten aber wissen, daß sie ihrem Körper vertrauen können. Sie sollten seine Signale ernst nehmen und keine Angst davor haben, nein zu sagen. Entdecken wir gemeinsam, wie sich das Neinsagen anfühlt und auf welche Arten man nein sagen kann.

Ich lass' mir nichts aufschwatzen

Zwei Kinder sitzen sich gegenüber. Das eine Kind spielt Gast, das andere Gastgeber oder Gastgeberin. Zwischen den beiden liegen eine Menge Lebensmittel aus dem Kaufladen. Die Gastgeberin versucht ihrem Gast nun soviel wie möglich auf einen Teller zu häufen. Der Gast hingegen hat sich längst für einige wenige Dinge entschieden. Zu allem anderen sagt er „nein". Fragt die Gastgeberin nach, begründet er seine Entscheidung. Später wird getauscht.

Mein Nein bewirkt etwas

Jedes Kind hält ein Lebensmittel in der Hand. Nur ein Kind nicht – es spielt den Neinsager und steht den anderen Kindern in etwa drei bis vier Metern Entfernung gegenüber. Ein Kind aus der Gruppe mit den Lebensmitteln schlüpft in die Rolle des „Lockvogels". Er möchte den Neinsager zum Essen verführen. Langsam geht er auf den Neinsager zu, so weit, bis dieser „nein" sagt. Der Lockvogel muß anhalten und zurückkehren. Nun darf er den Neinsager spielen.

Im Laufe des Spiels probieren wir verschiedene Arten des Neinsagens aus: schreien, flüstern, singen, „nein" sagen und dabei Grimassen schneiden, mit den Händen fuchteln, sich abwenden ... Wie fühlen sich die verschiedenen Neins an? Welche klingen überzeugend, welche nicht? Hören manche sich unentschieden, andere sich vielleicht schroff oder verletzend an? Ist es möglich, auf entschiedene, aber freundliche Art nein zu sagen?

Das kleine Nein

Eines Tages war das kleine Nein traurig: „Immer wenn ich da bin, wenn Kinder und Erwachsene von mir reden, gibt es Streit. Ich bin es leid, immer Streit auszulösen." Und so packte das kleine Nein seinen „Mag-nicht-mehr-mach-nicht-mit-Koffer", sprang auf eine Wolke und segelte zum Mond. Die Menschen aber standen wie jeden Morgen auf und setzten sich an den Frühstückstisch. „Möchtest du noch Milch?", „Hast du genug Müsli auf dem Teller?", „Willst du Käse aufs Brot?", „Wollt ihr Bananen und etwas zu trinken mitnehmen?" Die

Eltern fragten wie immer, aber die Kinder konnten nicht nein sagen. Iris bekam Milch in die Tasse, obwohl sie längst genug hatte. Tom mußte einen großen Berg Müsli übriglassen. Anne wurde wütend, weil sie keinen Käse mochte, aber ein Käsebrot geschmiert bekam. Genauso wie Moritz sich ärgerte, dem Bananen nicht schmeckten. Beim Mittagessen ging es gerade so weiter: Auf den Tellern häuften sich Berge von Nudeln, Kartoffeln, Gemüse, Frikadellen oder Spiegeleiern. Die Mülleimer quollen über vor Resten. Die Erwachsenen wurden wütend auf die Kinder und sich, weil sie so viel wegwerfen mußten, sich aber ebenfalls Riesenportionen auf die Teller luden. Das machte sie noch wütender. Eltern schimpften mit ihren Kindern. Kinder schimpften mit ihren Eltern. Mütter und Väter begannen sich zu streiten. Und darüber beschwerten sich wiederum die Großeltern. Schließlich zankten alle miteinander. Das Geschrei wurde so groß, daß das kleine Nein auf dem Mond wach wurde. „Was ist denn jetzt los?", fragte es den Mond. Der brummte nur: „Seitdem du hier bist, haben die Menschen noch mehr Streit als vorher. Besser, du kehrst wieder auf die Erde zurück." Geschwind packte das kleine Nein sein Köfferchen und reiste zurück. Und alle waren froh, es wiederzuhaben. Ob sie nun behutsamer mit ihm umgehen?

Fasten

Auch das Fasten ist eine Art, nein zu sagen. Beim Fasten verzichtet man auf ganz bestimmte Speisen – die Christen zum Beispiel auf Fleisch, die Hindus auf Gekochtes – oder ißt eine Weile lang gar nichts. In fast allen Religionsgemeinschaften dient das Fasten der inneren Einkehr und der Besinnung auf Gott: Nur wer lernt, auf leibliche Genüsse zu verzichten, kann sich ausschließlich dem Geistigen widmen. Sogar manche Krankheiten wurden früher durch Fasten kuriert. Noch heute fasten manche Menschen, um ihren Körper zu „reinigen", alle überflüssigen Stoffe aus ihm herauszuschwemmen. Ob das aber tatsächlich gesund ist, darüber streiten sich die Ärzte.

Süße Schlaraffenzeiten

Viel zuviel und viel zuwenig

Im Grunde leben wir in einem Schlaraffenland, gibt es bei uns doch alle Lebensmittel zu kaufen, die das Herz begehrt. Das ist nicht überall so. In den meisten Ländern der Erde müssen sich die Menschen mit einigen wenigen Nahrungsmitteln zufriedengeben, in manchen Gegenden hungern sie sogar.

Etwa zwei Drittel der Menschen in den sogenannten „Entwicklungsländern" sind Bauern. Den „Industrieländern" (in Westeuropa und Nordamerika) liefern sie vor allem billige Rohstoffe, die dann zu bestimmten Produkten weiterverarbeitet werden – rohe Kaffeebohnen etwa zu Röstkaffee, Löskaffee oder Kaffeeextrakt. Ein Teil dieser Produkte wird dann wieder für teures Geld an die „Entwicklungsländer" verkauft.

Süßes richtig genießen

Wer träumt vom Schokoladenland? Von einer Insel, auf der unsere Lieblingsspeisen uns in den Mund fliegen, wann immer wir wollen?

Doch Hand aufs Herz: Wem würde das auf die Dauer nicht langweilig? Wir entdecken, daß Süßigkeiten um so kostbarer und köstlicher werden, je seltener und bewußter wir sie genießen.

Das Märchen vom Schlaraffenland

Hört zu, ich will euch von einem guten Lande sagen, dahin würde mancher auswandern, wüßte er, wo selbes läge. Aber der Weg dahin ist weit für die Jungen und für die Alten, denen es im Winter zu heiß ist und zu kalt im Sommer. Diese schöne Gegend heißt Schlaraffenland, da sind die Häuser gedeckt mit Eierfladen, und Türen und Wände sind von Lebzelten und die Balken von Schweinebraten. Um jedes Haus steht ein Zaun, der ist von Bratwürsten geflochten. Alle Brunnen sind voll süßer Weine, die rinnen einem nur so in das Maul hinein. Auf den Birken

und Weiden wachsen die Semmeln frischbacken, und unter den Bäumen fließen Milchbäche.

Die Fische schwimmen in dem Schlaraffenlande obendrauf auf dem Wasser, sind auch schon gebacken und gesotten und schwimmen ganz nahe am Gestade; wenn aber einer ganz faul ist und ein echter Schlaraff, der darf nur rufen „bst! bst!" – so kommen die Fische auch heraus aufs Land spaziert und hüpfen dem guten Schlaraffen in die Hand, daß er sich nicht zu bücken braucht.

Das könnt ihr glauben, daß die Vögel dort gebraten in der Luft herumfliegen, und wem es zuviel Mühe macht, die Hand danach auszustrecken, dem fliegen sie schnurstracks ins Maul hinein.

Die Käse wachsen in dem Schlaraffenlande wie die Steine. Im Winter, wenn es regnet, so regnet es lauter Honig in süßen Tropfen, und wenn es schneit, so schneit es klaren Zucker, und wenn es hagelt, so hagelt es Würfelzucker, untermischt mit Feigen, Rosinen und Mandeln.

Wer gern arbeitet, Gutes tut und Böses läßt, wird Schlaraffenlandes verwiesen. Wer nichts kann als schlafen, essen, trinken, tanzen und spielen, der wird zum Grafen ernannt. Der aber, welchen das allgemeine Stimmrecht als den Faulsten und zu allem Guten Untauglichen erkannt, der wird König über das ganze Land und hat ein großes Einkommen.

Um das Land herum ist aber eine berghohe Mauer von Reisbrei. Wer hinein oder heraus will, muß sich da erst durchfressen.

(Nach Ludwig Bechstein)

Wer will ins Schlaraffenland?

Was ist so verlockend am Schlaraffenland? Daß es so viele Leckereien gibt? Daß man jederzeit und überall essen kann? Oder, daß man den ganzen Tag lang faul sein darf? Jeder malt für sich, oder alle malen gemeinsam ein großes Bild vom Schlaraffenland mit all seinen Köstlichkeiten. Dann versucht je-

der, sich einmal vorzustellen, wie er seine Tage im Schlaraffenland zubringen würde. Vielleicht so ähnlich wie zu „Schlaraffenzeiten" zu Hause, etwa an Weihnachten oder Ostern, wenn man tagelang nur ißt und spielt und wieder ißt? Würde das tatsächlich immer Spaß machen?

Wir basteln eine Schatztruhe

Um kostbare Süßigkeiten aufzubewahren, ist eine Schatztruhe genau das richtige. Jedes Kind verziert eine kleine Schachtel mit Gold- und Buntpapier und polstert sie mit Tortenspitze oder einer bunten Serviette aus. Wer mag, bindet noch ein hübsches Band darum. Alle Bonbons, Lutscher, Schokoriegel und andere Naschereien, die ein Kind bekommt, legt es in die Truhe. Sie sind seine Schätze, die es gut hüten und an denen es seine Freude haben soll. Wen die Lust zum Naschen packt, greift in seine Schatzkiste. Schmecken Lollis und Lakritze daraus besonders gut?

Schatzsuche im Supermarkt

Wir gehen auf Schatzsuche in den Supermarkt. Besonders vielversprechend ist das Regal mit den Süßigkeiten. Dort liegen solche Berge von süßen Schätzen, daß die Entscheidung manchmal schwerfällt. Wir zählen einmal, wie viele verschiedene Sorten Gummibärchen und Schokolade es gibt. Müßten es wirklich so viele sein?

Wie sind die Süßigkeiten verpackt, und wo liegen sie? Gerade richtig, daß wir gut drankommen? Locken sie mit Stickern, Figürchen oder Spielzeug? Wer würde sie eher deshalb als wegen ihres Inhalts kaufen? Wem fällt zur ein oder anderen Süßigkeit ein Spruch aus dem Fernsehen ein?

Damit die Schatztruhe nicht leer bleibt, darf jedes Kind sich zum Schluß einen süßen Wunsch erfüllen. Oder wir entdecken Schätze an der Obst- und Joghurtheke.

Lecker-Schleckereien

Wir zaubern Köstlichkeiten

Rühren und Kneten macht Kindern Spaß – vor allem, wenn sie von den Zutaten naschen und (fast) selbständig etwas Köstliches zubereiten dürfen. Beim Süßigkeiten-Machen lernen sie auch ganz nebenbei, was in Leckereien drinsteckt: eine ganze Menge Zucker und Fett zum Beispiel. Kennen sie sich damit aus, können ihnen Süßigkeiten nichts mehr vorgaukeln.

Das Küchenteam

Jeweils vier bis fünf Kinder bilden eine Gruppe und wählen ein Rezept aus. Mit Unterstützung eines Erwachsenen überlegen die kleinen Köche, welche Zutaten sie brauchen, und malen sie auf ein Plakat. Dann stellen sie alle Arbeitsgeräte auf der Arbeitsfläche zusammen, damit sie später nicht mit schmutzigen Fingern loslaufen müssen, um noch etwas zu holen.

Weingummi-Drachen

Gummibärchen zu machen ist keine Hexerei. Gummibärchen aus der Packung bestehen aus Zucker, Farbstoffen, Geschmacksstoffen und Gelatine. Gelatine ist quasi der Gummibärchenkleber. Unsere Gummibärchen färben wir mit ungezuckertem Fruchtsaft, zum Beispiel rotem Kirsch- oder Pflaumensaft oder Orangensaft.

• *Zutaten: 1 l Fruchtsaft, 4 Päckchen Gelatine, evtl. Himbeersirup*

In einer Schüssel vier Päckchen Gelatine (bzw. die richtige Menge für zwei Liter Flüssigkeit) nach Packungsvorschrift auflösen, unter den Fruchtsaft rühren und mit Himbeersirup abschmecken. Die Saftmischung in eine flache Schüssel oder in fünf bis sechs Eiswürfelbehälter gießen und über Nacht im Kühlschrank erstarren lassen. Anschließend in Würfel schneiden oder ausstechen bzw. vorsichtig aus den Eiswürfelbehältern lösen. Auf Glastellern anrichten. Im Kühlschrank halten sich die Gummiwürfel etwa eine Woche.

Lolli Banana

Was ist eigentlich an Lutschern so faszinierend? Daß unsere Zunge an ihnen herumturnen kann? Lutscher bestehen wie die meisten Bonbons aus Zucker und künstlichen Farben. Unsere hingegen locken mit natürlichem Geschmack.

• *Zutaten: 1 Zitrone, 5 Bananen, 2 EL flüssiger Honig, Kokosraspel, gehackte Pistazien, geriebene Mandeln, 10 Schaschlikspieße oder Eisstiele*

Die Zitronen auspressen. Bananen schälen und quer halbieren. Die Bananenhälften mit Zitronensaft beträufeln, der Länge nach auf einen Schaschlikspieß (oder Eisstiel) stecken, mit Honig bepinseln und sofort in Kokosraspeln, gehackten Pistazien oder Mandeln wälzen. Die Lollis sollten bald gegessen werden.

Piff-Paff-Puff-Mais

Wer weiß, wie und woraus Popcorn gemacht wird? Aus Puffmais, der in der Pfanne geröstet wird. Das ist lustig anzuhören und anzusehen!

• *Zutaten: 50 bis 100 g Puffmais, Öl*

Den Mais kurz abspülen und gut abtrocknen. In einem Topf soviel Öl erhitzen, daß der Boden bedeckt ist. Etwa eine Tasse Mais in das heiße Öl schütten, und den Topf sofort zudecken, denn die Maiskörner explodieren. Das Knallen und Puffen können wir hören, bei einem Topf mit Glasdeckel sogar sehen.

Popcorn schmeckt „natur" genauso gut wie mit Kakao oder Vanille oder gesalzen und mit Parmesan bestreut.

Der Tiger-Pudding

Wir wollen uns einen besonders feinen Nachtisch servieren, der weder aus dem Becher, noch aus der Tüte kommt. Das ist nicht viel mehr Arbeit, aber viel mehr Geschmack ...

• *Zutaten Vanillepudding: 1 l Milch, 3–4 EL Zucker, 1 Prise Jodsalz, 1 Vanilleschote (oder 1/2 TL Vanillepulver), 100 g Speisestärke*

Etwa drei Viertel der Milch in einen Kochtopf geben. Zucker und Salz gleichmäßig einstreuen. Die Vanilleschote aufschneiden und das Mark herauskratzen. Schote und Mark in die Milch geben. Die Milch zum Kochen bringen. In der Zwischenzeit die Stärke mit der restlichen Milch verrühren, unter ständigem Rühren in den Topf gießen und die Milch etwa eine halbe Minute kochen.

• *Zutaten Nuß-Schoko-Pudding: 4 EL Kakao, 1 l Milch, 3–4 EL Zucker, 1 Prise Jodsalz, 100 g Speisestärke, 100 g geriebene Nüsse*

Den Kakao mit der Milch verrühren. Etwa drei Viertel der Kakao-Milch in einen Kochtopf geben.

Zucker und Jodsalz gleichmäßig einstreuen. Die Milch zum Kochen bringen. In der Zwischenzeit die Stärke mit der restlichen Milch verrühren, unter ständigem Rühren in den Topf gießen und die Milch etwa eine halbe Minute kochen. Danach die gemahlenen Nüsse unterziehen.

Das Tiger-Muster entsteht, wenn wir die beiden Pudding-Sorten abwechselnd fingerbreit in feuerfeste Schüsseln füllen, am schönsten sind Teegläser. Jede Schicht abkühlen lassen, dann langsam die nächste Schicht darauf gießen. Vor dem Servieren verzieren wir den Pudding mit Mandelblättern, Schoraspeln und Haselnüssen.

Tip: Im Sommer schmeckt der Vanillepudding ganz besonders erfrischend, wenn 500 g Naturjoghurt untergezogen wird.

Kinder mögen oft die Haut auf dem Pudding nicht. Man kann sie mit etwas Folie abheben. Oder man steckt beim Abkühlen des Puddings einen Löffel hinein. Anschließend muß die Oberfläche verziert werden.

Knusperpralinen

• *Zutaten: 6 Tafeln Zartbitterschokolade, 60 g Kokosfett, 2 Tassen Mandelsplitter, 1–2 Tassen Cornflakes, 1 Tasse Müsli*

Schokolade und Kokosfett gleichmäßig auf drei Kochtöpfe verteilen und bei schwacher Hitze unter ständigem Rühren schmelzen. Mandelsplitter, Cornflakes und Müsli jeweils in einen Topf geben und mit der Schokomasse verrühren. Mit zwei Teelöffeln Pralinen abstechen und auf Tabletts setzen, die zuvor mit Alufolie überzogen wurden. Die Pralinen über Nacht erstarren lassen und am nächsten Tag in kleine Schachteln füllen.

Was steckt drin in Süßigkeiten?

Es gibt über 30.000 Sorten Süßigkeiten. Sind sie verpackt, müssen auf der Tüte oder Schachtel ihre Bestandteile aufgeführt sein. Am Anfang steht die Zutat mit dem größten, am Ende die mit dem geringsten Gewichtsanteil. Dennoch verrät die Zutatenliste nicht alles. Die Zutat einer Zutat brauchen Hersteller nicht aufzuführen. Zum Beispiel Konservierungsstoffe, die das Fruchtgemisch eines Joghurts haltbar machen. Werden Aromastoffe zugesetzt, so reicht der Hinweis „Aroma". „Naturidentische", sprich: naturgleiche Aromastoffe sind den in der Natur vorkommenden Stoffen ähnlich, werden aber wie die künstlichen im Labor hergestellt. Nur natürliche Aromastoffe werden tatsächlich aus der Natur gewonnen.

Müsli macht uns stark und lustig

Wir entdecken, was der Körper mit dem Essen macht und das Essen mit dem Körper. Und wir erleben, wie die Speisen gute Laune zaubern.

Gut gekaut ist halb verdaut

Ob Brötchen oder Bratwurst – bei der Verdauung werden alle Speisen in ihre kleinsten Bausteine zerlegt und dann zu Energie, Knochen-, Muskel- oder anderem Gewebe umgebaut.

Ein einziger Bissen legt eine Strecke von ungefähr sieben Metern zurück, bis er vollständig verdaut ist. Dafür braucht er etwa 24 Stunden.

Die Verdauung beginnt bereits im Mund. Beim Kauen wird die Nahrung eingespeichelt und schon einmal grob zerlegt. Der zerkleinerte Speisebrei rutscht durch die Speiseröhre hinunter in den Magen, getrieben von den Muskeln der Speiseröhrenwand. Sie sind so kräftig, daß man sogar im Kopfstand trinken kann.

Jeden Tag essen wir. Und jeden Tag besuchen wir das „stille Örtchen", die Toilette. Essen und Ausscheiden gehören zusammen. Doch was geschieht mit der Nahrung, wenn sie ihre Reise durch den Körper angetreten hat? Wir erleben, was das Essen mit uns macht und was wir mit ihm machen. Dabei lernen wir das faszinierende Innenleben unseres Körpers kennen.

Der Bauch spricht

Wir wollen horchen, wie Müsli und Milch mit uns „sprechen". Zwei Kinder setzen sich zusammen: Ein Kind bekommt ein „Hörrohr" aus einer Klopapierrolle und hört damit einem anderen Kind beim Müsliessen zu. Zunächst lauscht es, wie die Zähne des „Bauchredners" oder der „Bauchrednerin" malmen und knirschen, Müsli und Milch die Speiseröhre hinuntergluckern. Rumort es im oberen Teil des Bauches? Dort ist der Magen, der das Müsli durchknetet und noch einmal mischt. Wartet man ein wenig, kann man das Müsli unterhalb des Bauchnabels rumpeln hören. Dort, im Dünndarm, wird es gesiebt und sortiert. Die Abfälle schwimmen weiter nach unten bis zum Ende des Dickdarms. Es ist das Loch im Popo. Dort plumpsen die Abfälle heraus.

Das Speisenkonzert

Wie spricht der Bauch noch, außer mit Knacken, Gluckern und Glucksen? Hicksen wir manchmal? Dann haben wir Schluckauf. Der Bauch hat zuviel Luft abbekommen und schickt sie durch den Mund wieder hinaus. Ist der Weg nach hinten kürzer, läßt er sie als kleine Pupser zuweilen auch nach hinten ab. Die Luft zieht dabei an den ganzen Abfällen vorbei und riecht auch danach. Die anderen halten sich dann garantiert die Nase zu. Deshalb sollte man den Raum zum Pupsen verlassen. Oder gemeinsam darüber lachen ...

Vom Brot zum Brei

Mit Brot läßt sich zeigen, wie unser Essen „kleingehackt" wird. Alle nehmen einen Bissen und versuchen, ihn so lange wie möglich zu kauen. Was geschieht? Es beginnt Spucke zu fließen. Fühlen wir einmal mit der Zunge: Haben alle schon Brei im Mund? Schmeckt er noch nach Brot oder eher süßlich? Das liegt daran, daß sich die Stärke im Mehl in Zucker verwandelt. Wer möchte, darf den Brei auf seinen Teller spucken. Daß dieses Mus einmal Brot war, läßt sich kaum noch erkennen.

Der Bauch ist eine kleine Fabrik

Der Bauch verarbeitet alles, was wir essen. Wie schafft er das nur bei der Menge an Lebensmitteln, die wir Tag für Tag verspeisen? Auf einem Tablett stellen wir einmal eine Tagesration zusammen. Damit die Speisen gut rutschen, brauchen wir etwa eineinhalb Liter Spucke. Die entsprechende Menge Wasser füllen wir in einen

Meßbecher. Und damit Müsli, Milch und Marmeladenbrote uns stark, wach und fröhlich machen, werden sie in einem etwa sechs Meter langen Kanal bearbeitet. Mit einem Metermaß messen wir ein rotes Band in entsprechender Länge ab und legen es auf den Boden – so lang ist unser Darm. Er ist wie ein riesiges Sieb, das die Bausteine der Nahrung ins Blut entläßt. Der Körper baut daraus Knochen, Haare, Muskeln und vieles andere. (Haare wachsen alle zusammengerechnet, mindestens 35 Meter.) Doch wie in aller Welt soll ein so langer Darm-Schlauch in den Bauch passen? Wer die Lösung weiß, legt das Band „in Form".

Zum Schluß malen wir die Reise, die das Essen durch den Körper macht, gemeinsam auf einen großen Bogen Papier.

🍓 Nicht alles, was in Speisen drinsteckt, kann der Körper verwerten. Was er nicht braucht, landet in der Toilette. Die Köttel und Klößchen verraten uns, wie es uns geht. Bei Durchfall haben wir etwas gegessen, was uns nicht bekommt. Manche Menschen bekommen auch Durchfall, wenn sie aufgeregt sind. Verstopfung kann an zuviel Schokolade oder vielen hartgekochten Ostereiern liegen oder daran, daß wir zu wenig Gemüse und Vollkornbrot gegessen haben oder zu wenig trinken. Manche

Menschen ekeln sich vor ihren Häufchen. Dazu besteht überhaupt kein Grund. Zwar riechen sie nicht gut, und man sollte sie auch nicht anfassen, aber wir werden mit ihnen all die Sachen los, die wir nicht mehr gebrauchen können.

Was im Essen drinsteckt

Das Essen liefert dem Körper Energie. Diese Energie kann sich verwandeln, zum Beispiel in Wärme und Bewegung. Alle probieren einmal, ob sich ihre Hände, Nasen und Füße schön warm anfühlen. Ist jemandem kalt, hat er oder sie vielleicht zu wenig gegessen. Dann beginnen wir zu hüpfen, mit den Armen zu rudern oder zu tanzen. Was geschieht? Nach einer Weile bekommen wir ein rotes Gesicht, und uns wird ganz heiß. Die Energie „strahlt" nach außen. Je länger und je heftiger wir uns bewegen, desto mehr Energie verbrauchen wir, so daß wir später um so mehr Hunger bekommen.

Das Essen liefert dem Körper aber auch Baustoffe, damit wir wachsen können und nicht verfaulen (wie zum Beispiel ein Apfel, der einige Tage herumliegt). Betrachten wir einmal unsere Fingernägel. Sind sie schon wieder gewachsen? Schimmern sie zartrosa und fühlen sich schön glatt an? Wenn nicht, dann fehlen dem Körper bestimmte Baustoffe.

Im Magen zerlegen dann Enzyme – die „Nußknacker" des Körpers – den Nahrungsbrei in seine Bausteine. Diese Arbeit wird im Dünndarm vollendet. Seine Wand „saugt" die zerlegten Nährstoffe auf. Der unverdauliche Rest gelangt in den Dickdarm und wird ausgeschieden.

Diesen Rest nennt man Stuhlgang. Früher, als es noch keine Toiletten gab, mußte man sich auf einen bestimmten Stuhl setzen, um sein „Geschäft" zu verrichten. „Zu Stuhl gehen" oder „zu Stuhle kommen" (auch „zu Potte kommen") bedeutete soviel wie „mit etwas fertigwerden". Und im Grunde tun wir genau das, wenn wir aufs Klo gehen.

Was gut tut

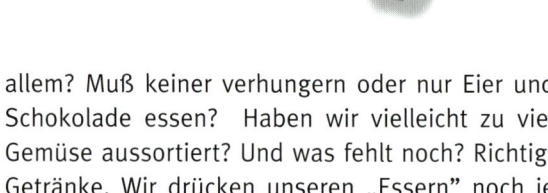

Auf die Mischung kommt es an

Würden wir immer nur das gleiche essen, wäre das nicht nur langweilig, es würde auch dem Körper nicht schmecken. Denn er ist ein wählerischer Geselle: Manche Nahrungsmittel braucht er in rauhen Mengen, andere nur in winzigen Portionen. Um ihn zufrieden zu machen, müssen wir die richtige Mischung finden. Wie das geht, können wir nun entdecken.

Naschkatzen und Obstesser

Sechs Kinder legen sich auf Papierbahnen, sechs andere zeichnen die Körperumrisse. Wir erhalten sechs verschiedene „Menschen". Haben diese „Menschen" auch sechs verschiedene „Geschmäkker"?

Auf einem Tuch liegen Lebensmittel oder Bilder von Lebensmitteln, die wir auf die „Menschen" verteilen wollen. Gleiches kommt zu gleichem. Den ersten Menschen „füttern" wir mit Obst und Gemüse. Den zweiten mit Lebensmitteln aus Getreide und Kartoffeln (Nudeln, Brot, Reis, Haferflocken ...). Der dritte bekommt alles, was Milch enthält (Käse, Joghurt, Quark). Der vierte ist unser Fleisch-, Ei- und Fischesser. Der fünfte wird „eingeölt" (mit Öl, Butter, Margarine). Und der sechste nascht am liebsten. Nun betrachten wir die sechs Menschen: Welcher von ihnen mag sich am wohlsten fühlen? Ist einer darunter, mit dem einige von uns gerne tauschen würden? Oder wem wäre ein etwas bunteres „Menü" lieber? Wir tauschen die Lebensmittel untereinander, bis uns die Mischung gefällt. Lebensmittel, die wir nicht wollen, stellen wir in einen Müllkorb. Dann betrachten wir die neuen Menschen. Haben sie nun alle genug von

allem? Muß keiner verhungern oder nur Eier und Schokolade essen? Haben wir vielleicht zu viel Gemüse aussortiert? Und was fehlt noch? Richtig: Getränke. Wir drücken unseren „Essern" noch je eine Flasche Wasser in die Hand.

Zum Schluß können wir sie mit Bildern von all den Lebensmitteln, die wir ihnen anfangs zugeteilt haben, bekleben oder bemalen und aufhängen. Nur der sechste „Esser" enthält eine kunterbunte Speisenmischung.

Montag ist Spaghettitag

Jeden Tag gibt es etwas anderes zu essen. So werden wir bestimmter Speisen nicht überdrüssig und bekommen alle Nährstoffe, die wir brauchen. Nun wollen wir selber bestimmen, was gekocht wird. Auf den Boden malen wir sieben Hüpfkästchen mit einem Kreis am Ende. Jedes Kästchen stellt einen Wochentag dar. Ein Kind hüpft in das erste Kästchen und nennt eine Speise, zum Beispiel „Spaghetti mit Soße". Im zweiten Kästchen gibt es vielleicht Pizza, im dritten Bratkartoffeln und Spiegeleier – aber auf keinen Fall zweimal pro Woche das gleiche. Wer fertig ist, ruht sich aus und horcht, welche Speisen die anderen vorschlagen.

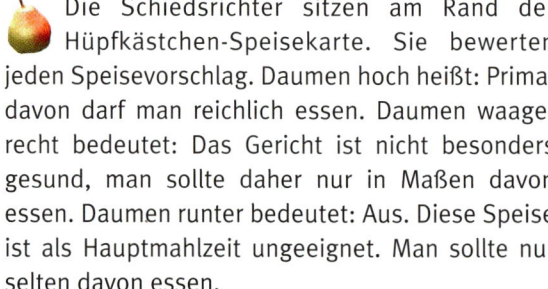

Die Schiedsrichter sitzen am Rand der Hüpfkästchen-Speisekarte. Sie bewerten jeden Speisevorschlag. Daumen hoch heißt: Prima, davon darf man reichlich essen. Daumen waagerecht bedeutet: Das Gericht ist nicht besonders gesund, man sollte daher nur in Maßen davon essen. Daumen runter bedeutet: Aus. Diese Speise ist als Hauptmahlzeit ungeeignet. Man sollte nur selten davon essen.

Die Hit-Fit-Pyramide

Wieviel Brot, wieviel Obst und wieviel Gemüse sollten wir eigentlich pro Tag essen? Um das herauszufinden, malen wir auf einen großen Bogen Papier eine riesige Pyramide mit drei Etagen. Im Erdgeschoß ist am meisten Platz – und es ist so breit und solide, daß die beiden oberen Etagen sicher darauf ruhen. Dorthin gehören die Nahrungsmittel, von denen wir viel essen sollten, damit wir eine Sättigungsgrundlage haben. Wer weiß, welche die Grundnahrungsmittel sind? (Getreide und Gemüse) Die zweite Etage ist nicht ganz so geräumig, bietet aber immer noch viel Platz für ...? (Obst und Milchprodukte) In der dritten Etage wird es eng. Dort drängeln sich Fleisch, Wurst, Fett und Süßigkeiten. An der Spitze benötigen wir nur wenige Speisen. Sie sollten außerdem spitzenmäßig sein. Süßigkeiten können wir auch ganz weglassen, wir brauchen sie nicht zum Leben.

Einseitige Ernährung

Kinder haben einen natürlichen „Essenskompaß", der sie durchs Schlaraffenland leitet. Je besser sie auf die Signale ihres Körpers zu achten lernen, um so feiner schlägt die Kompaßnadel aus. Drängt man ihnen hingegen bestimmte Speisen oder zu große Portionen auf, funktioniert der Kompaß irgendwann nicht mehr so gut. Dann besteht die Gefahr, daß sie sich an einseitiges Essen, das zuviel Fett und Zucker enthält, gewöhnen. Das ist bei jenen Menschen der Fall, die sich einseitig ernähren. Frischer Salat und Vollkornbrot kommen dagegen zu kurz. Auf die Dauer kann das krank machen. Zuviel Fett im Blut kann zum Beispiel dazu führen, daß sich die Blutgefäße immer mehr verengen – bis sie schließlich vollständig verstopft sind. Da nützen auch keine Vitaminpillen oder mit Mineralstoffen angereicherte Säfte.

Die Schiedsrichter haben keine leichte Aufgabe – trotzdem wollen wir sie noch mehr herausfordern. Statt Gerichten sollen sie nun einzelne Lebensmittel und „Mogelpackungen" bewerten. Vorher führen wir ein weiteres Zeichen ein: Wenn die Schiedsrichter sich mit der flachen Hand den Hals „abschneiden", heißt das: Stop, Lebensgefahr. Diese Dinge niemals in den Mund nehmen (zum Beispiel Kindershampoo, das nach Kirschen duftet, oder Spülmittel, das aussieht wie Zitronenlimo, oder Bausteine, Murmeln ...)!

Die Pausenbrote-Hitliste

Alle packen ihre Pausenbrote aus. Bestimmt sehen sie ganz unterschiedlich aus. Wollen wir eine Pausenbrote-Hitliste aufstellen, müssen wir uns überlegen, wonach wir die Brote bewerten wollen. Zum Beispiel: Auf welchem Pausenbrot liegt am meisten frisches Obst oder Gemüse? Es wird zum Frischesieger erkoren. Welches Pausenbrot ist am buntesten? Auf welchem versammeln sich die meisten Zutaten? Und welches ist am beliebtesten?

Sonnenmilch bei Schmuddelwetter

Essen macht Laune

Ist das Knie aufgeschlagen, gibt es ein Bonbon zum Trost. Bei Langeweile greifen viele von uns zu Schokolade oder Gummibärchen … Oft essen wir, obwohl wir gar keinen Hunger haben: um uns zu trösten, zu beschäftigen oder zu belohnen. Probleme allerdings können wir mit Essen nicht lösen. Versuchen wir es dennoch, wird das Essen bald zum Ersatz. Die schönen Gefühle, die es auslöst, täuschen darüber hinweg, daß Ärger, Angst oder Wut sich mit Keksen nicht wegzaubern lassen. Trotzdem kann man besondere Speisen wie Geschenke genießen. Entdecken wir, wie wir uns selbst verwöhnen können, zum Beispiel mit Gute-Laune-Speisen oder einfach mal so.

Das Schokoladenkino

Mit Lebensmitteln und Speisen verbinden wir eine ganze Menge Erinnerungen und Gefühle. Horchen wir einmal, was uns eine Tafel Schokolade (oder eine andere Lieblingsspeise) alles zu erzählen hat! Jedes Kind legt sich ein Stückchen Schokolade in den Mund, am besten unter die Zunge. Nun schließen alle die Augen und überlegen, woran sie die Schokolade erinnert. Wann habe ich das letzte Mal Schokolade gegessen? Wie schmeckte die Schokolade auf dem Weihnachtsteller oder auf dem Geburtstagskuchen? Habe ich schon einmal Schokolade bekommen, weil ich besonders lieb war? Oder weil ich hingefallen war und mein Knie so schlimm blutete? An welche Bilder oder Geräusche erinnere ich mich noch? Wir öffnen die Augen und erzählen einander, was wir mit der

Schokolade erlebt haben. Essen viele von uns sie so gerne, weil sie an Weihnachten erinnert? Kann sie trösten oder belohnen? Langeweile vergessen machen?

Der Zaubergürtel

Aus Pappstreifen, die um den Bauch passen, basteln wir Gürtel, die hinten mit bunten Bändern verschlossen werden. Jedes Kind verziert seinen Gürtel ganz nach Wunsch mit Kreppapier, Goldfolie und Glimmer. Immer wenn es schlechte Laune hat, wütend, ängstlich oder traurig ist, legt es ihn um. Denn dieser Gürtel kann zaubern. Er zaubert eine Idee, einen Wunsch, vielleicht sogar die Lösung für ein Problem herbei. Doch ganz einfach macht er es uns nicht. Nach dem Zaubern heißt es überlegen: Was muß ich tun, damit der Zauber wahr wird?

Der Ärgerberg

Essen kann Gefühle auslösen oder zudecken. Umgekehrt können Gefühle dazu beitragen, daß wir eine Speise besonders genießen, oder uns den Appetit verderben. Zum Beispiel schmeckt vielen Menschen selbst ihr Leibgericht nicht, wenn sie Streit haben, wütend oder traurig sind. Denn der Ärger schlägt ihnen auf den Magen. Sie haben dann einen Kloß im Bauch, an den sie die ganze Zeit denken müssen. Damit uns das nicht passiert, bauen wir vor dem Essen einen Ärgerberg oder häufen ein Kummergebirge auf. Wer schlechte Laune hat, darf seine Gefühle dort abladen, indem er von ihnen erzählt. Die anderen hören ruhig zu, ohne etwas dazu zu sagen. Tut das gut? Wird der Kloß im Bauch schon kleiner? Sind nun alle bereit für ein gemeinsames Essen?

Unsere Küche hat vier Ecken,
wo lauter leckere Dinge stecken.
Am besten aber schmeckt es mir,
wenn ich ... esse mit dir.

Bei „...." schlägt ein Kind einem anderen eine Speise vor.

Sonnenmilch

Um uns an düsteren Regentagen oder im Winter die Sonne herbeizuzaubern, mixen wir Sonnenmilch und basteln lustige Strohhalme. Beim Trinken erzählen wir einander Sommergeschichten.

• *Zutaten: 1 l Milch, 500 g Magerquark, 1/2 l Orangensaft, 1 bis 2 EL Birnendicksaft, 2 Briefchen Safranfäden, Zimtpulver*

Die Milch mit dem Magerquark schaumig rühren. Orangensaft gut unterrühren und mit dem Birnendicksaft abschmecken. Die Safranfäden in etwas kochendem Wasser auflösen. Die Milch mit dieser Lösung gelb färben. Etwas Zimt zufügen. Stimmt der Geschmack? Dann die Sonnenmilch noch einmal aufrühren und mit bunt verzierten Strohhalmen servieren.

Der affenstarke Toast

Besonders schön an diesem Toast ist, daß wir beim Überbacken genügend Zeit haben, fast alle Strophen des Liedes „Die Affen rasen durch den Wald" zu singen.

• *Zutaten: 10 Scheiben Vollkorn-Toastbrot, 70 g Frischkäse, 1 Banane, 1 Pfirsich oder Apfel, 3 Tomaten, 1 grüne Paprika, 2 Eigelb, 1 Tasse Milch, 100 g geriebener Emmentaler*

Die Toastbrote mit dem Frischkäse bestreichen. Obst, Tomaten und Paprika in Würfel, Scheiben oder Streifen schneiden. Die Toastbrote mit den Obst- und Gemüsestücken verzieren, zum Beispiel mit einem lachenden Affengesicht, einer bunten Palme oder einer strahlenden Sonne. Eigelb mit der Milch verschlagen, und die belegten Brote mit der Eiermilch bestreichen. Käseraspeln zwischen die Fruchtstücke streuen. Bei 200 °C (Umluft 180 °C) etwa 15 Minuten überbacken. (Der Käse sollte nicht braun werden.)

Alle Sinne essen mit

Mit der Nase schmecken

Im Inneren der Nase gibt es ein Riechfeld, so groß wie eine Briefmarke. Auf diesem Riechfeld stehen – wie Grashalme – zwischen fünf und zehn Millionen kleine Riechzellen. Führen wir einen Bissen zum Mund, steigt uns sein Duft in die Nase, die schon einmal „vorschmeckt", ob er uns auch munden wird. Beim Kauen lösen sich weitere Aromastoffe und verstärken den Geschmack. Die meisten Menschen können etwa 4.000 Düfte unterscheiden. „Duftexperten" sogar bis zu 10.000. Unsere Vorfahren bewahrte der Geruchssinn davor, Giftiges zu sich zu nehmen. Bittere Stoffe zum Beispiel sind oft giftig. Noch heute nehmen wir bittere Gerüche viel besser als andere wahr. Auch Medizin riecht und schmeckt oft bitter. Das hat seinen Sinn, denn wir sollen sie ja nur in winzigen Mengen, wenn wir krank sind, zu uns nehmen.

Schmecken, fühlen, riechen, sehen – beim Essen spielen alle Sinne zusammen wie die Instrumente eines Orchesters. Farbe, Form, Geruch und Geschmack von Speisen verraten uns, was wir über diese wissen müssen.

Wenn uns morgens der Duft von frischgebackenen Brötchen und dampfendem Kakao in die Nase steigt, freuen wir uns aufs Frühstück und essen mit gutem Appetit. Bei Schnupfen hingegen schmeckt das Essen nicht so gut wie sonst. Das liegt daran, daß wir Speisen nicht nur mit dem Mund, sondern auch mit der Nase genießen. Düfte und Gerüche lenken – oft unbeachtet – durchs Schlaraffenland. Lernen wir, auf sie zu achten und sie zu unterscheiden, erkennen wir: Auf unsere Nasen können wir uns verlassen.

Weck deine Nase

Um ihre Nasen munter zu machen, streichen alle mit den Fingern die Nasenflügel entlang nach oben, bis sie auf einen harten Knochen stoßen, das Nasenbein. Ein vorwitziger Zeigefinger tastet sich nach unten vor zum Nasenloch – und wandert schließlich hinein. Vorsichtig drückt er auf den Knorpel im Innern, die Nasenscheidewand. Wie fühlt sich die Nase von innen an? Weich, feucht und warm? Oder schleimig, verstopft und verschnupft? Wer kei-

nen Schnupfen hat, hält sich ein Nasenloch zu und atmet durch das andere Nasenloch tief ein. Mit einem Zischen wird die Luft wieder ausgestoßen. Ebenso „wecken" wir das andere Nasenloch. Fühlt sich die Nase nun anders an als vorher?

Duftbar und Duft-Memory

An der Duftbar können die Kinder ihre „Spürnase" testen und den würzigen Geruch von Kräutern kennenlernen, die viele Speisen so appetitlich machen. Verschiedene frische Kräuter und Gewürze werden jeweils in leere Filmdosen gefüllt: zum Beispiel Pfefferminze, Zitronenmelisse, Schnittlauch, Fenchel, Kümmel, Anis, Muskat, Basilikum. Auf jede Duftprobe kommt etwas Watte. Kleine Portionen der Kräuter und Gewürze liegen offen auf einem Karton. Die Kinder schnuppern an den Döschen und ordnen sie den Proben auf dem Karton zu. Gelingt ihnen das gut, wird die Duftbar zu einem Duft-Memory mit jeweils zwei gleichen Duftproben erweitert. Wer schafft es, Dosen mit gleichen Düften paarweise zusammenzustellen? Mit getrockneten Kräutern und Gewürzen läßt sich das Memory beliebig oft wiederholen. Fortgeschrittene „Schnüffler" freuen sich über ein Memory mit zehn bis 15 Düften. Je öfter wir daran schnuppern, desto feiner werden unsere Nasen.

Wir fangen den Duft

An einem sonnigen Tag riechen wir an Kräutern und Blumen, die im Garten oder auf einer Wiese wachsen. Zupft man ein Blättchen ab und zerreibt es zwischen den Fingern, steigt einem eine Duftwolke in die Nase. Lassen sich die Gerüche der Blätter beschreiben? Machen sie uns vielleicht froh oder hungrig? Welche Blüten duften, welche stinken? Wem ein Duft so gut gefällt, daß er ihn gerne aufbewahren möchte, sammelt einige Blätter oder Blüten in einem sauberen Beutel (oder einer hübschen Papierserviette), dem Duftsack, und legt ihn zu Hause unter das Kopfkissen, in die Kuschelecke oder auf den Spieltisch. Wer mag berichten, welche Bilder in ihm aufsteigen, wenn er an dem Duftsack riecht?

Düfte machen Appetit

Manche Düfte kitzeln uns so in der Nase, daß wir gar nicht mehr aufhören können zu trinken oder zu essen. Welche Düfte mögen das sein? Wir riechen an verschiedenen Getränken, um auszuprobieren, ob sie uns Appetit machen. Wasser, Hagebuttentee, Fencheltee, Kinder-Bananenmilch, Limo, Fertigjoghurt mit Erdbeergeschmack und Apfelsaft werden in Gläser gefüllt. Erst schnuppern wir mit geöffneten Augen daran. Dann versuchen wir die Getränke mit geschlossenen Augen zu erriechen. Wer hat richtig geraten? Welche Düfte „schmecken" besonders gut? Erinnern sie an etwas? Sind Getränke darunter, die der eine oder die andere besonders gerne oder auf gar keinen Fall probieren möchte?

Gute Düfte – schlechte Düfte

Ob wir Gerüche als angenehm oder abstoßend empfinden, ist Gewohnheitssache. Japanerinnen rümpfen die Nase, wenn sie Marzipan riechen. Viele Westeuropäer schütteln sich, wenn ihnen Fischgeruch in die Nase steigt – in Japan etwas ganz Alltägliches. Düfte, die uns vertraut sind und die wir gerne riechen, machen uns unternehmungslustig. In vielen Kaufhäusern werden deshalb über Klimaanlagen Düfte in die Luft geblasen. Das regt unsere Kauflust an. Menschen, die ihren Geruchssinn verloren haben, werden hingegen öfter traurig als andere.

Die duftende Kullerfrucht

Wenn wir spüren, daß uns ein guter Duft das Wasser im Mund zusammenlaufen läßt, freuen wir uns um so mehr aufs Essen. Das wußten schon die alten Ägypter. Um den Appetit anzuregen, reichten sie vor dem Essen ein Schälchen mit duftenden Kräutern herum. Wir servieren statt dessen als Gaumenkitzler eine duftende Kullerfrucht.
• *Zutaten: 1 l Buttermilch, 2 EL Zucker, 1 reife Nektarine oder Apfelsine pro Kind*
Die Buttermilch mit dem Zucker süßen. Die Nektarine abwaschen oder die Apfelsine schälen. Die Frucht ringsum einstechen und in ein Glas legen. Bevor wir sie mit der Buttermilch übergießen und aufessen, schnuppern wir daran. Steigt uns ein leckeres Obstaroma in die Nase? Beim Verspeisen halten wir uns die Nase zwischendurch zu. Wie schmeckt die Obstmilch nun?

Die Duftampel

Sind wir im Schnüffeln schon etwas erfahrener, können wir versuchen, Düfte zu bewerten. Ein Kind läßt sich die Augen verbinden. Es soll erraten, wozu die Gerüche, die ihm in die Nase steigen, gehören, und sie auf einer Duftampel anordnen. Rot heißt: „Stop, ich rieche unangenehm, vielleicht sogar giftig." Gelb bedeutet: „Ich rieche weder schlecht noch gut." Und Grün heißt: „Ich dufte lecker und natürlich." Als Duftproben bieten sich beispielsweise eine Apfelsine, Spülmittel, Spiritus oder Farbe, Essig, Plätzchen, Zahncreme oder Shampoo, Limo und Fruchtjoghurt an. Das Kind erzählt, ob ihm die Gerüche schon einmal irgendwo begegnet sind. Befinden sich welche darunter, die vor etwas warnen? Lassen sich Spül-, Putz, Wasch- und Pflegemittel leicht erschnüffeln? Oder duften sie nach Limonade oder Kirschen, obwohl sie giftig sind?

Giftgrün und Tomatenrot

Auch die Augen essen mit

Wer würde in schimmeliges Brot oder einen faulen Apfel beißen? Niemand, denn verdorbene Speisen ekeln uns an. Bevor wir eine Speise in den Mund stecken, „probieren„ die Augen, ob sie genießbar ist. Besteht sie den Augentest nicht, kosten wir erst gar nicht.

Doch wir können auch die umgekehrte Erfahrung machen: Speisen, deren Farben und Formen uns gefallen, lassen uns das Wasser im Mund zusammenlaufen. Außerdem erzählen uns Farben, wie gesund Lebensmittel sind.

Das Auge wählt aus

Fünf Lebensmittel liegen auf dem Tisch. Eines davon ist ungenießbar. Welches? Was stößt uns daran ab und zeigt uns, daß es uns nicht bekommen würde? Beispiele können sein: grüne Tomaten, schimmliges Brot, angefaultes Obst, verdorbene Wurst ...

Spinat - nein, danke?

Warum fliegen viele Kinder nicht auf Salat und Spinat? Möglicherweise, weil ein uralter Instinkt sie vor grünen, bitter schmeckenden Früchten warnt. Ihre Farbe signalisiert: „Achtung, vielleicht bin ich giftig.“ Steinzeitkinder vertrauten auf dieses Signal. Gelbe oder rote Farben dagegen deuteten eher auf bekömmliche Früchte hin. Sie lassen auch uns noch das Wasser im Mund zusammenlaufen.

Farben legen uns einen bestimmten Geschmack in den Mund. Zum Beispiel schmecken rote Säfte süßer als gelbe oder grüne, gelbe hingegen erfrischend säuerlich und grüne eher bitter und „gesund“.

Doch wieso ist dann Cola mit seiner unappetitlich braunen Farbe so erfolgreich?

Wenn die Milch rot wird

Wir alle kennen die Farben der Lebensmittel: Milch ist ... Brot ist ... Käse ist ... Salat ist ... Tomaten sind ...

Wer kann sich vorstellen, daß die Lebensmittel ihre Farben einfach tauschen, die Milch zum Beispiel rot wird? Oder das Brot grün? Um der Phantasie ein bißchen nachzuhelfen, setzen sich die Kinder Farbbrillen auf. Diese sind aus Pappe gebastelt und mit „Gläsern“ aus Klarsichtfolie in Rot, Gelb, Grün oder Blau beklebt.

Dann frühstücken wir. Hat der Apfel plötzlich blaue Bäckchen? Welche Farbe hat der Joghurt? Finden wir die Speisen vor uns appetitlich? Schmeckt ein blaues Frühstück besser als ein gelbes? Wir sehen: Farben sind wichtig, um Speisen appetitlich zu machen.

Farben haben eine Botschaft

Farben verraten, wie bekömmlich und gehaltvoll Speisen sind. Natürliche Farbstoffe tragen dazu bei, daß es dem Körper an nichts mangelt.

Wir vergleichen frisches Obst mit Dosenobst und rohes mit gekochtem Gemüse. Obst aus der Dose wirkt matschig und fahl, verkochtes Gemüse blaß und schlapp. Wie sieht alter Salat aus? Und wie verfärben sich Brokkoliröschen, die lange herumliegen? Knackig frisches Gemüse dagegen sieht schön appetitlich aus. Sein buntes Kleid teilt uns mit: „Iß mich, ich schmecke gut und enthalte viele Vitamine!“

Farben kann man sogar schmecken. Wer kann rote, gelbe und grüne Paprika mit geschlossenen Augen am Geschmack voneinander unterscheiden?

Rote Früchte sind nicht einheitlich rot, grüne nicht einheitlich grün. Liegen rote Äpfel nebeneinander, sieht man, daß ihr Rot an manchen Stellen vielleicht in Gelb oder Orange übergeht und an einen Sonnenuntergang erinnert. Fügt man eine Paprika und eine Tomate hinzu, entdeckt man eine Vielfalt an Rottönen.

Nun kommen knallrote Lutscher, Wackelpudding und Bonbons hinzu. Lachen sie uns ganz besonders an? Könnte das an der intensiven, gleichmäßig leuchtenden Farbe liegen? Wie läßt sich unterscheiden, welche Speisen ihre Farbe von der Natur erhielten und welche künstlich sind? Einen Tag lang achten wir einmal darauf, welche Speisen künstliche und welche „natürliche" Farben haben.

Künstliche Farbe kann der Körper nicht verwerten. Sie ist Abfall und muß ausgeschieden werden.

Die bunte Woche

Wir teilen die Woche in Farben ein: Der Montag kann „rot" sein, der Dienstag „grün" ... Wo begegnet uns die „Farbe des Tages"? Am roten Montag bringen die Kinder rote Lebensmittel und Getränke mit, rotbackige Äpfel, Tomaten, Waldbeeren-Tee ... Die Speisen werden Tag für Tag auf einem „Farbentisch" arrangiert. Nach einer Woche sind fünf Tische beisammen. Auf welchem liegen die meisten Lebensmittel? Welcher Tisch gefällt uns am besten? Finden wir rote, gelbe, grüne Rezepte? Und rosafarbene oder schwarze?

Ein Mandala aus bunten Früchten

Wir legen ein Mandala aus bunten Früchten und lassen Farben, Formen, Gerüche auf uns wirken. Möglichst still „malen" die Kinder das Bild kreisförmig von innen nach außen. Welche Farbkombinationen wirken besonders schön? Kennen alle die Früchte? Zum Schluß stellen sich die Kinder im Kreis um das Mandala. Wie viele Farben hat es? Aus welchen Formen setzt es sich zusammen?

Haben alle genug vom Schauen, können wir aus den Früchten einen Obstsalat zubereiten und Farben und Formen noch einmal gemeinsam genießen.

Wir bringen Farbe ins Essen

Eine Woche lang „garnieren" wir unser Frühstück oder Mittagessen mit Farbe. Jedes Kind bringt eine bunte Zutat mit: Petersilie, kleine Tomaten, eine Salatgurke, Paprika, Radieschen, Beeren oder andere Früchte der Saison. Wir arrangieren die „Farben" auf dem Tisch. Jeder darf nun seiner Mahlzeit wohlschmeckende Farbtupfer zufügen.

Und warum essen Kinder gerne Schokoladenbonbons mit blauem oder quietschrosa Zuckerguß? Widerliche Farben und Formen bringen einen gewissen Kick ins Essen, wenn einem „normale" Speisen und Getränke langweilig geworden sind. Gestaltet sich der Speiseplan recht eintönig, ist man von dem Gebotenen schnell übersättigt. Dann lockt die Süßigkeitentheke mit bunten Teufeln, süßen Würmern, Schlangen oder schreiendblauem Wackelpudding.

Knusper, knusper, knäuschen ...

Knackiges kracht in den Ohren

Wir können unser Essen nicht nur riechen und sehen, sondern auch hören. Und oft machen die Geräusche, die beim Kauen mancher Speisen so schön in den Ohren knacken, diese ganz besonders lecker – beispielsweise knusprige Frühstücksflocken. Wenn wir zornig sind, kann knackiges Essen uns helfen, Dampf abzulassen. Denn der Lärm, der beim Kauen „lauter" Lebensmittel entsteht, lenkt von der Wut ab und läßt uns ruhiger werden. Wir entdecken, daß lärmendes Essen gute Laune macht.

Wir hören die Stille

Viele Beschäftigungen nehmen uns so gefangen, daß wir gar nicht darauf achten, ob es um uns herum laut oder leise ist. Ist es leise, kommt es uns meist so vor, als sei es still. Lauschen wir aber der Stille, stellen wir fest, daß wir sie hören können.
Wir legen uns auf kuschelige, weiche Decken und stellen uns vor, die Sonne scheine auf uns herab. Dann wird es ganz ruhig. Wir schließen die Augen und „besuchen" unsere Ohren. Guten Tag, liebe Ohren, wie geht es euch? Hört ihr noch das wilde Toben von vorhin? Könnt ihr mir sagen, wo die Töne herkommen? Stecken sie vielleicht in einer Zimmerecke? Oder kriechen sie durchs Fenster? Sind sie schön, oder stören sie mich?
Wer genug gelauscht hat, öffnet die Augen und setzt sich leise auf. Welche Geräusche kamen von außen – vielleicht das Ticken einer Uhr oder das Knacken von Holz –, und welche habe ich in mir selbst gehört? Woran habe ich beim Hören gedacht? Wer mag, erzählt, was er alles gehört hat. Und wer Lust hat, kann versuchen, ein „Hörbild" zu malen.

„Ich höre was ..."

🍓 Mit den Ohren kann man sich genauso gut orientieren wie mit den Augen.
Ein Kind steht mit verbundenen Augen in der Mitte des Zimmers. Ein anderes Kind hält ein Teeglas und einen Teelöffel in der Hand. Leise geht es in eine Ecke und rührt vorsichtig den Tee um. Aus welcher Richtung kam der Ton? Hat das Kind in der Mitte richtig geraten, wird gewechselt.
🍓 Die Kinder schließen die Augen. Ein Erwachsener oder ein anderes Kind macht Geräusche, klappert zum Beispiel mit Tellern, raschelt mit einer Tüte oder beißt in einen Apfel. Lassen sich die Geräusche erraten?

Welche Stimme hat das Wasser?

Wir wollen hören, welche Töne wir selbst mit Wasser, Milch oder Saft erzeugen können. Was erzählt uns Wasser, wenn wir damit gurgeln, oder Saft, wenn wir ihn mit dem Strohhalm trinken? Wie fühlt sich der Mund dabei an? Was passiert, wenn wir mit dem Strohhalm blubbern? Lauschen wir einmal, was beim Schlucken geschieht: Jedesmal gibt es einen kleinen Glucks.

Die Ohren essen mit

Nun horchen wir, was das Essen uns zu sagen hat. Ob wir etwas gerne essen, weil es sich beim Kauen gut anhört. Wir bauen aus Tischen, Stühlen und Decken eine Höhle, unsere Eßhöhle, und krabbeln hinein. Dort können wir viel besser hören als draußen. Vor uns auf einem Teller liegen Speisen, die im Mund unterschiedliche Geräusche machen: Möhren, Cornflakes, Chips, Knäckebrot, Äpfel, saftige Pfirsiche oder Orangen ...

Wer möchte anfangen? Alle lauschen, wie das erste Kind seine Möhre knabbert. Wie hört sich das an? Auch das Kind erzählt, was es beim Kauen gehört hat. Lassen sich die Knackgeräusche im Mund mit Zunge und Zähnen verändern? Wir probieren abwechselnd verschiedene Nahrungsmittel und erzählen einander von ihren Tönen. Dann kosten wir labbrige, weiche Cornflakes, Chips oder weiches Knäckebrot. Warum schmecken sie uns nicht?

Das Kri-Kra-Krach-Glas

Um auszuprobieren, welche Art von Geräuschen den Appetit besonders anregt, füllen wir zwei Einmachgläser mit einer je fünf Zentimeter dicken Schicht Cornflakes bzw. Haferflocken. Zwei Kinder dürfen mit einem großen Löffel oder den Händen die Cornflakes und die Haferflocken abwechselnd „stampfen". Die anderen hören genau zu. In welchem Glas knuspert es leckerer?

Knusperkugeln

Aus den zerstampften Haferflocken und Cornflakes lassen sich leckere Knusperkugeln zubereiten. Cornflakes und Haferflocken wiegen und mit der gleichen Menge Quark verrühren, zum Beispiel 50 Gramm Cornflakes und 200 Gramm Haferflocken mit 250 Gramm Quark. Mit 1 bis 2 Eßlöffel Honig abschmecken, und 4 bis 5 Eßlöffel Rosinen zufügen. Alle Zutaten verkneten, und kleine Bällchen daraus formen. Auf einem gefetteten Backblech bei 220 °C (Umluft 200 °C) etwa 20 bis 30 Minuten bräunen. Die Knusperkugeln schmecken frisch am besten.

Die Knabberspaß-Schüssel

Wenn wir einmal so richtig Lust auf lärmendes Essen haben, mischen wir 2 Reiswaffeln, 1 Eßlöffel Mandeln, 2 Scheiben Knäckebrot, 2 Eßlöffel Trockenfrüchte und 5 Löffelbiskuits in einer Schüssel. Schon beim Zerbrechen von Waffeln, Brot und Biskuits kracht es lecker, und wieviel Spaß macht es erst, anschließend alles aufzuknabbern.

Lena, Lena Knusperfee
knabbert Krachmandeln zum Tee.
Knisper, knusper, knax,
knibbel, knabber, schmatz.
Gluck, schluck, schleck,
die Krachmandeln
sind weg!

Ruhige Tafelmusik erzeugt dagegen eine Atmosphäre, bei der wir das Essen ganz besonders genießen. Je leiser es ist, desto besser kann man auch die Geräusche, die beim Essen selbst entstehen, hören. Manche Lebensmittel, zum Beispiel Cornflakes, werden extra so hergestellt, daß sie knuspern, weil der Lärm, den sie beim Kauen erzeugen, den Appetit anregt. Mit speziellen Meßgeräten, sogenannten „Krustimetern", kann man diesen Lärm messen – mit dem Ziel, noch köstlicher knuspernde Cornflakes zu „erfinden".

Von der Hand in den Mund

Der Tastsinn

Die Haut ist das größte Sinnesorgan des Menschen. Millionen von Tastkörperchen sagen uns, ob sich etwas warm, kalt, naß, hart, weich oder rauh anfühlt. Besonders empfindsam sind Fingerspitzen, Lippen und Mundhöhle. Wie wichtig das Tastgefühl für den Genuß ist, wissen zum Beispiel Lebensmittelhersteller.

Fingerspitzen fühlen viel

Beim Essen und Trinken bieten sich viele Gelegenheiten, den Tastsinn zu schulen. Zwangsläufig fassen wir alles an, was wir zum Mund führen, entweder direkt oder mit Hilfe eines Gegenstands – etwa einer Gabel oder einem Löffel. Dieser Fühltest verrät uns eine Menge über die Bekömmlichkeit einer Speise oder eines Getränks. Zucken die Finger zurück, wenn sie einen Becher heiße Milch berühren, läßt man das Getränk eine Weile abkühlen, um sich beim Trinken nicht die Zunge zu verbrennen. Und wenn Kinder auf dem Teller herummatschen, entspricht dies ihrem Bedürfnis, die Welt mit den Händen zu „begreifen".

Der Tastsinn hilft uns auch beim Zubereiten von Speisen. Kneten wir etwa einen Teig, wissen unsere Finger genau, wann er fertig ist.

Bitte anfassen!

Auf dem Tisch liegen etwa zehn Sorten Obst oder Gemüse mit unterschiedlichen Schalen: Äpfel, Nüsse, eine Kokosnuß, Bananen, ein Blumenkohl, Lauchstangen, Kohlrabi, Spinatblätter, Chinakohl und eine Ananas. Über sie ist ein Tischtuch gebreitet. Die Kinder greifen unter das Tischtuch und versuchen die Früchte zu ertasten. Wer glaubt, eine Frucht erkannt zu haben, sagt ihren Namen. Dann wird das Tischtuch gelüftet. Die Kinder schauen nach, ob sie richtig geraten haben.

Als „Tastkiste", die ganz nach Wunsch immer wieder neu bestückt werden kann, bietet sich ein Karton mit Grifflöchern an.

Nun machen wir das gleiche Spiel mit den Füßen. Die Kinder stecken die nackten Füße in einen Karton, schließen die Augen und versuchen die Früchte zu ertasten, auch wenn es ein bißchen kitzelt. Wie läßt es sich leichter tasten: mit den Händen oder mit den Füßen?

Ein Kuß für den Apfel

Wie gut es sich mit Mund und Zunge fühlen läßt, testen wir in einem weiteren Versuch. Alle Früchte werden mit heißem Wasser gründlich abgewaschen und auf ein Tablett gelegt. Mit geschlossenen Augen, die Hände auf dem Rücken, „küssen" wir die Früchte. Wer sich nicht sicher ist, um welche Frucht es sich handelt, darf sie ablecken.

Die Tastfrüchte servieren wir anschließend in einer Gemüsesuppe oder einem Obstsalat.

Ich fühle mein Essen

Wie fühlen sich Speisen eigentlich an? Wir füllen Nahrungsmittel mit unterschiedlichen „Fühleigenschaften" in Schüsseln: zum Beispiel Zwieback, ein rohes Ei, Marmelade, einen Pfirsich, einen Apfel, Müsli, Mehl und Quark.

Mit geschlossenen Augen ertasten die Kinder Speise um Speise und versuchen die Unterschiede zu beschreiben. Fühlt sich der Zwieback rauh, krümelig und spröde an? Der Pfirsich dagegen samtweich und pelzig? Das Ei glibberig? Wem verraten die Fühleigenschaften etwas über den Geschmack der Lebensmittel? Ein sehr harter Apfel ist vielleicht unreif und sauer. Wie würden sich trockenes Müsli und Zwieback im Mund anfühlen? Und ist ein rohes Ei nicht viel zu eklig, um es überhaupt zu kosten?

Kalt – warm – heiß

Warme Mahlzeiten oder Getränke sollte man weder zu heiß noch zu kalt zu sich nehmen. Um den Kindern ein Gefühl für Temperaturunterschiede zu vermitteln, füllt man eiskalten, kalten, lauwarmen und heißen Tee in vier Porzellanbecher. Vorsichtig fühlen die Kinder, wie warm der Tee ist – sie dürfen ruhig mit der Fingerspitze hineinlangen –, und sortieren die Becher auf einer farbigen Punkteskala. Der eiskalte Tee kommt auf einen blauen Punkt. Der kalte Tee daneben auf einen violetten, der lauwarme auf einen gelben und der heiße Tee auf einen roten Punkt. Welchen Tee würden wir am liebsten trinken? Ist es Winter, vielleicht den lauwarmen, ist es Sommer, vielleicht eher den kalten. Beim Kosten stellen wir fest, daß ein Getränk uns wärmen oder erfrischen kann. Wer möchte, kann auch den eiskalten und heißen Tee ganz vorsichtig probieren. Wie fühlt es sich an, wenn er in den Bauch hinunterrieselt?

Getränke-Fühl-Memory

Fühlspezialisten können auch Flüssigkeiten ertasten. Einem Kind werden die Augen verbunden. Dann stellt man je zwei Gläser Milch, Wasser, Limonade, flüssige Sahne und ölige Salatsoße ungeordnet auf einen Tisch. Alle Gläser sind gleich. Gelingt es, die Flüssigkeiten paarweise anzuordnen, ohne sie zu kosten? Während es tastet, berichtet das Kind, woran es die Flüssigkeiten unterscheidet.

Ein Schaumtraum

Die Zunge ist ein Organ, mit dem wir fühlen und schmecken. Überlegen wir einmal: Schmeckt uns zartes, sahniges Eis besser oder Eis mit kleinen Klümpchen oder Eiskristallen? Mit verschiedenen Quarkspeisen läßt sich leicht herausfinden, womit wir den Gaumen ganz besonders verwöhnen können.

● *Zutaten: 1 1/2 kg Quark, 200 g Sahne, 1/2 l Kirschsaft, Zucker, 150 ml stark kohlensäurehaltiger Sprudel*

Die drei Pfund Quark gleichmäßig auf drei Rührschüsseln verteilen. Wer möchte, darf eine Fingerspitze voll Quark naschen. Wie fühlt sich der Quark auf dem Finger und im Mund an? Dann die Sahne steif schlagen. Mit dem Handrührgerät den Quark in der ersten Schüssel mit etwa 200 Millilitern Kirschsaft cremig rühren und mit Zucker abschmecken. Zum Schluß die Sahne unterheben. Wer dabei zuschaut, kann beobachten, wie schön locker der Quark wird.

Den Quark der zweiten Schüssel ebenfalls mit etwa 200 Millilitern Kirschsaft, den in der dritten Schüssel mit dem restlichen Kirschsaft und dem Sprudel verrühren. Beide mit Zucker abschmecken. Nun kosten wir die Quarkspeisen: Welche mundet unserem Gaumen am besten?

Die Zungenspitze ißt gern süß

Süß und sauer, salzig und bitter

Daß wir schmecken, was wir schmecken, verdanken wir hauptsächlich der Zunge. Sie ermöglicht uns, zwischen sauer und süß, salzig und bitter zu unterscheiden – und führt ein so unscheinbares Dasein, daß wir sie manchmal glatt vergessen. Dabei kann sie uns am besten sagen, wo und wie Geschmack entsteht.

Zunge zeigen

Wer hat sich schon einmal genau angeschaut, wie die Zunge eigentlich aussieht? Für gewöhnlich versteckt sie sich im Mund. Um sie kennenzulernen, locken wir sie aus ihrer Höhle: Wir strecken einander die Zunge heraus und betrachten sie eingehend. Wir sehen: Ihre Oberfläche ist rauh, oft auch gepunktet. Dann nehmen wir eine Lupe zu Hilfe. Sieht die Zunge jetzt nicht aus wie ein zerklüftetes Gebirge mit Löchern, Rissen und Brunnen? Die Brunnen nennt man auch Geschmacksknospen. Jeder von uns hat etwa 2.000 Stück davon. Beim Essen läuft in jeden dieser Brunnen ein wenig Nahrung und wird von ihm gekostet. Manche Brunnen erkennen nur süße Speisen, andere nur salzige, wieder andere nur saure oder bittere.

Die Zungen-Landkarte

Unsere „Geschmacksbrunnen" sind auf der Zunge verteilt wie auf einer Landkarte. Wer wissen möchte, wo sich die Länder mit den süßen, sauren, salzigen und bitteren Brunnen befinden, malt eine Riesenzunge auf ein großes Blatt. In der Tischmitte stehen ein Glas Zuckerwasser, ein Glas Zitronensaft, ein Glas Grapefruitsaft und ein Glas Salzwasser. Zunächst tauchen wir Wattestäbchen in das Zuckerwasser und tupfen uns damit auf die Zunge, bis wir merken: Aha, hier schmeckt es süß! Die süßen Brunnen malen wir an der richtigen Stelle auf die Papierzunge. Dann kosten wir die anderen Getränke auf die gleiche Weise. Läßt sich leicht herausfinden, wo die sauren, bitteren und salzigen Brunnen liegen? Und wer kann sagen, warum wir die Zunge zum Eisschlecken herausstrecken?

Apfel oder Zwiebel?

Ein Kind läßt sich die Augen verbinden. Auf einen Schaschlikspieß spießen wir einen Apfelschnitz, auf einen anderen ein Stück Zwiebel. Nun heißt es: Mund auf! Jemand legt dem Kind das Apfelstückchen auf die Zunge und hält ihm gleichzeitig die Zwiebel unter die Nase. Kann es schmecken, was sich in seinem Mund befindet?

Mit diesem Test läßt sich die Zunge überlisten. Sie braucht die Nase, um auf den richtigen Geschmack zu kommen. Wie Rauchwolken steigen die Geschmacksstoffe durch den Rachen in die Nase. Und die riecht, wonach es schmeckt.

Wer's nicht glaubt, ißt ein Stück Apfel und hält sich dabei die Nase zu. Schmeckt's noch?

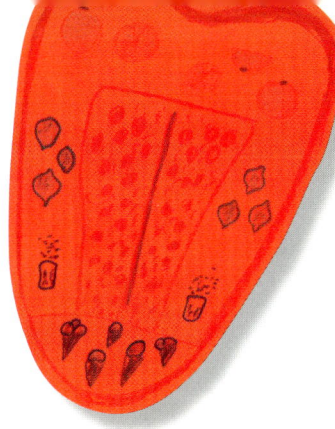

Der Feinschmeckertest

Wir testen, wie Zunge und Nase einander ergänzen. Auf einer Decke liegen vier oder fünf verschiedene Sorten reifes Obst. Alle schließen die Augen und riechen an den Früchten. Wessen Nase ist fein genug, um die Obstsorten zu erkennen? Um uns zu vergewissern, kosten wir davon. Stimmt das „Nasenurteil"? Nase und Zunge werden noch ein wenig mehr herausgefordert, wenn wir zum Obst passende Säfte servieren: Welche Säfte gehören zu welchen Früchten? Wie unterscheidet sich der Geschmack von Saft und zugehörigem Obst?

Wer gut kaut, dem schmeckt es besser

Schmeckt Brot nur nach Brot? Das hängt davon ab, wie lange wir es kauen. Lassen wir uns Zeit damit, können wir vielleicht herausschmecken, woraus es gemacht ist. Jeder bekommt eine halbe Scheibe Brot und beißt ein großes Stück ab. Es wird möglichst wenig gekaut und schnell hinuntergeschluckt – doch Vorsicht: Nicht verschlucken! Den Rest des Brotes knabbern wir in winzigen Portionen auf und kauen die Brothäppchen so lange wie möglich. Schmecken sie anders als der große Bissen? Wie läßt sich der Geschmack beschreiben?

... schmeckt wie kleine Wölkchen

Wenn wir gefragt werden, wie uns das Essen geschmeckt hat, sagen wir meist: „gut" oder „geht so" oder „gar nicht". Eine Mahlzeit schmeckt aber nach viel mehr. Das Geschmacksempfinden läßt sich verfeinern, wenn man versucht, es in Bilder zu fassen. Womit läßt sich zum Beispiel ein Pfannkuchen vergleichen? Ist er locker und schaumig, vielleicht mit einer Wolke. Enthält er Äpfel, schmeckt er nach Herbstsonne. Wer findet die schönsten Bilder fürs Essen?

Süß, süßer, am süßesten

Süß ist nicht gleich süß, und salzig nicht gleich salzig. Jeder Geschmack kann unterschiedlich stark ausgeprägt sein. Mit der Zuckerwasserorgel läßt sich das leicht ausprobieren.
Vier Gläser werden mit je 150 Millilitern Wasser gefüllt. In das erste Glas geben wir sechs Stück Würfelzucker, in das zweite vier Stück und in das dritte zwei Stück. Das vierte Glas bleibt ungezuckert. Wenn sich der Zucker aufgelöst hat, werden die Gläser kunterbunt auf dem Tisch verteilt. Jedes Kind kostet mit einem Probierlöffel von allen vier Gläsern. Wie süß schmeckt das Wasser? Zu süß? Süß genug? Könnte es süßer sein? Oder ist es überhaupt nicht süß? Gemeinsam sortieren wir die Gläser nach der Stärke des Süßgeschmacks.

Eine Herausforderung für den Gaumen ist ein Süßtest, bei dem die Kinder selbstgemachten Fruchtjoghurt (2–3 Teelöffel Marmelade auf 150 Gramm Joghurt), Kinder-Fertigjoghurt, Fertigkakao, selbstgemixten Kakao, Limo, ungezuckerten Saft, Vanilleeis, Sandkuchen, gezuckerte Cornflakes und Dosenpfirsiche den vier Sorten Zuckerwasser zuordnen sollen. Welche Speisen und Getränke sind so süß wie das picksüße Zuckerwasser? Welche angenehm süß und welche eher herb?

Geschmack aus der Natur oder aus der Tüte

Fertige Speisen sind nicht nur häufig übersüßt oder übersalzen, sondern zusätzlich mit künstlichen Aromastoffen angereichert. Schmeckt der Erdbeerjoghurt aus dem Kühlregal genauso wie Joghurt mit frischen, pürierten Erdbeeren? Wir schließen die Augen und lassen uns beide Sorten auf der Zunge zergehen. Dann kosten wir vom Fertigjoghurt und probieren dazu frische Erdbeerstückchen. Schmeckt das künstliche Erdbeeraroma tatsächlich nach frischen Erdbeeren, oder stellen wir einen Unterschied fest?

Die Feinschmecker-Rallye

Ein Parcours für alle Sinne

Auf der Feinschmecker-Rallye werden die Kinder zu richtigen kleinen Genießern. An jeder Station können sie ihr Gespür für Essen testen: mit den Händen, mit den Augen, mit der Nase, mit der Zunge, dem Gaumen ... Wird die Rallye in einer größeren Gruppe veranstaltet, erhält jedes Kind eine Feinschmecker-Karte, die von Station zu Station abgestempelt wird. Auf Wunsch können die Kinder den Parcours auch jeweils zu zweit oder zu dritt durchlaufen. Sieger oder Verlierer gibt es nicht; jeder soll seine eigenen Stärken entdecken.

Wird zwischen den Stationen ein Seil gespannt, können sich die Kinder mit geschlossenen Augen vorantasten.

1. Station: Kalt oder warm?

Zum Auftakt bläst jeder über seine Hand. Wird sie kalt oder warm? – Beides, denn wir haben den Kalt-Warm-Sinn geweckt.

2. Station: Kräuter schnuppern

Vier oder fünf beklebte Duftdöschen mit verschiedenen Kräutern, die mit Wattebäuschen bedeckt sind, stehen da. Die Kräuter wollen beschnuppert und beim Namen genannt werden. Damit die

Aufgabe leichter wird, liegen die „Duft-Originale" sichtbar auf einem Tablett. Die Kinder dürfen zuerst daran riechen, um anschließend die passenden Döschen herauszuschnüffeln. Wer die Namen der Kräuter nicht kennt, stellt einfach die Döschen zu ihnen. Zum Schnuppern eignen sich Zitronenmelisse, Pfefferminze, Salbei, Basilikum, Dill, Knoblauch, Zitronenschale, Kümmel.

3. Station: Butter wiegen

Auf drei Tellern liegen drei gleich große Butterbrote: das erste Brot mit einem Teelöffel Butter, das zweite mit einem Eßlöffel Butter, das dritte mit zwei Eßlöffeln. Die Kinder schließen die Augen. Zwei Brote werden ihnen auf die flachen Hände gelegt. Welches ist schwerer? Wenn sie alle Brote verglichen haben, öffnen sie die Augen. Haben sie die Gewichte richtig eingeschätzt? Wieviel Butter reicht aus, um ein Brot satt zu bestreichen? (Die Menge eines Teelöffels.)

4. Station: Die Feinschmeckerbar

Hier gibt es drei verschiedene Sorten Erdbeerjoghurt. Welcher wurde mit frischen Erdbeeren zubereitet? Welcher mit Erdbeermarmelade?

Welcher ist Kinderjoghurt mit künstlichem Erdbeergeschmack? Und welcher schmeckt am süßesten?

5. Station: Die Gemüsekiste

Eine große Kiste mit zwei Grifflöchern wird mit fünf verschiedenen Gemüsesorten gefüllt. Wir ertasten das Gemüse und erraten die Sorten. Wer die Namen nicht kennt, beschreibt das Gemüse.

6. Station: Ein Spurt für frischen Salat

Salat sollte nach dem Einkauf so bald wie möglich gegessen werden, denn er verliert schnell seine Nährstoffe. Auf unserer Ladentheke liegt ein ganzer Berg (200 g). Etwa vier Meter entfernt steht der „Küchentisch" mit Salatschüssel und Salatbesteck. Mit dem Besteck füllen die Kinder den Salat so schnell wie möglich in die Schüssel um – ohne viel zu verlieren.

7. Station: Das Auge entscheidet

Vier Scheiben Brot (dunkles Mehrkornbrot, helles Weizenbrot, Schwarzbrot und Vollkorn-Toast) werden in kleine Würfel geschnitten und nebeneinander zu Häufchen geschichtet. Die Kinder schauen sich das Brot genau an, wer möchte, darf es auch befühlen. Welche Würfel enthalten das meiste Vollkornmehl, welche vielleicht keines? Was lädt am meisten zum Naschen ein?

8. Station: Der Super-Feinschmeckertest

Aus vier Sorten Obst wird ein Obstsalat zubereitet. Die Feinschmecker erhalten Zahnstocher und versuchen mit verbundenen Augen die Sorten herauszuschmecken.

9. Station: Farben spießen

In fünf Schüsseln liegen Obst- oder Gemüsestückchen in der passenden Farbe: in einer roten Schüssel Tomaten oder rote Beeren, in einer gelben Honig-

melone, Zitrone- oder Käsestückchen, in einer grünen Schüssel grüne Paprika, Gurke, Petersilie, Kiwi, in einer orangefarbenen Mohrrüben und Mandarinen und in einer weißen Schüssel mit Zitrone beträufelte Apfel-, Birne-, Banane- und Fenchelstückchen. Jedes Kind reiht auf einen Schaschlikspieß Würfel seiner Wahl auf. Wer hat alle Farben gefunden? Welche Kombination wirkt besonders schön?

10. Station: Duftende Belohnung

Wer erkennt den Geruch schon von weitem? Sobald ein Kind an dieser Station ankommt, darf es – mit Hilfe eines Erwachsenen – eine Waffel backen. Verschiedene Beläge stehen zur Auswahl: Zimt, Vanillepulver, Kakao und Kokosraspel. Jeder sucht sich den Belag aus, dessen Duft ihm am besten gefällt. Am hübsch gedeckten Tisch können die Feinschmecker zum Abschluß der Rallye ihre Spieße und Waffeln verknuspern.

Feinschmeckerwaffeln

• Zutaten: 4 EL Honig, 250 g Butter, 350 ml stark kohlensäurehaltiger Sprudel, 4 Eier, 500 g feingemahlenes Vollkornmehl, 1 Päckchen Backpulver (oder Weinstein-Backpulver), 1 TL Zimt

Den Honig mit der Butter schaumig rühren. Sprudel und Eier dazugeben und mit der Honig-Butter-Mischung verquirlen. Backpulver und Zimt mit dem Mehl vermischen. Die Mehlmischung nach und nach zufügen, und alles zu einem zähflüssigen Teig verrühren. Gerät der Teig zu fest, etwas Sprudel zufügen.

Tischlein, deck dich

Genuß für Leib und Seele

Essen und trinken kann froh und zufrieden machen. Über einige Speisen und Getränke „freuen" sich Körper und Seele jedoch besonders. Dazu gehören die so genannten „Genußmittel", deren Geschmack und Inhaltsstoffe uns reizen: Zucker beziehungsweise Süßigkeiten, Kakao, Kaffee, Tee und Gewürze. Rigide Verbote nützen eher wenig, sie können sogar zu Eßstörungen mit Eßanfällen und schlechtem Gewissen führen. Wer hingegen in der Lage ist, sein Essen und Trinken so richtig zu genießen, stillt nicht nur den Hunger, sondern erfüllt sich auch Wünsche nach sinnlichem Erleben und Geborgenheit.

Genießen macht Spaß!
Wir entdecken, was alles dazugehört.

Freuen sich alle immer aufs Essen? Oder würden manche von uns statt dessen lieber spielen und schlingen das Essen gedankenlos hinunter? Dann wissen wir zwei Stunden später vielleicht nicht einmal mehr, was wir überhaupt verspeist haben. Essen kann man aber auch genießen. Kosten wir es richtig aus, kann es uns ganz besondere Freude bereiten. In jedem von uns steckt ein kleiner Genießer. Machen wir uns auf die Suche nach ihm und lernen zu spüren, wie Genuß beim Essen entsteht.

Die träumenden Riesen
Fünf Riesen gehen zu Bette
und schnarchen um die Wette.
Der erste träumt von Sahnetorten,
der zweite träumt von lieben Worten,
der dritte träumt von Limoseen,
der vierte möchte tauchen geh'n.
Der fünfte findet keine Ruh:
Er fragt sich nämlich: Wovon träumst du?

Jeder Riese träumt einen Wunsch. Die Wünsche zeigen, worüber die Riesen sich freuen und was sie genießen. Und was würde uns gefallen? Ein Kind schlüpft in die Rolle des fünften Riesen und fragt seine Kameraden und Kameradinnen: „Was wünschst du dir? Was würdest du genießen?" So tragen wir verschiedene Arten zu genießen zusammen.

Vier Augen und ein großer Mund?

Wie sieht ein Genießer aus? Macht er die Augen zu, wenn er Eis schleckt? Rekelt er sich gern in der Sonne? Braucht er zum Genießen bestimmte Dinge? Alle schließen die Augen und malen sich einen Genießer beim Genießen aus. Wie mag er aussehen? Hat er einen großen Mund? Eine auffällige Zunge? Besonders große Augen oder sogar mehr als zwei? Kann er besonders gut riechen? Nimmt er sich Zeit, zu genießen? Liebt er den Lärm oder eher die Ruhe? Ist er ein trauriger oder ein fröhlicher Mensch? Kann er auch genießen, wenn er wütend ist? Oder schläft?

Gemeinsam malen wir einen Genießer auf ein großes Stück Papier. Dabei berichten wir einander, wie wir und unsere Freunde genießen, oder erzählen uns das Märchen von der Schneekönigin.

Langsam wie die Schnecken essen

Alle setzen sich im Schneidersitz auf den Boden, den Handteller nach oben gerichtet, so daß das Schneckenmenü darin angerichtet werden kann: eine Mandel, ein kleines Stück Apfel, eine Rosine. Die Schnecken, die ihr Futter bereits bekommen haben, warten, bis auch die anderen bedient worden sind, und schauen sich das Menü genau an. Alle schnuppern daran und knabbern es schließlich auf – so langsam wie die Schnecken, ganz genüßlich, Biß für Biß. Wer braucht am längsten? Entdecken wir neue „Geschmäcker" an bekannten Speisen, wenn wir so langsam essen und genießen?

Alte Bräuche

Heute, wo bei uns kein Nahrungsmangel mehr herrscht und viel im Übermaß vorhanden ist, sind auch bestimmte Bräuche, die früher das Essen einschränkten, verschwunden. So etwa der Brauch, daß Christstollen erst in der Adventszeit gegessen wird – und nicht schon früher. Bräuche und Sitten halfen auch durch Zeiten des Mangels. Es ist kein Zufall, daß die Fastenzeiten vor Weihnachten und Ostern in die Wochen fielen, in denn bei unseren Vorfahren Nahrung knapp war.

Wollen wir auch „richtige" Mahlzeiten mit viel Ruhe genießen, hilft uns das Genießerzeichen „eins – zwei – drei". Jedesmal bevor wir zu essen beginnen, zählen wir bis drei. Bei „eins" schauen wir die Speisen genau an. Bei „zwei" atmen wir ihren Duft ein. Wenn wir dabei fröhliche Grimassen schneiden, strömt uns besonders viel Luft in die Nase und wir können noch besser riechen. Bei „drei" nehmen wir den ersten Biß und kauen ihn lange und gründlich.

Schmeckt so fein

Genießen heißt achtsam sein

Eine Prise zuviel Salz, und die Suppe ist versalzen. Geraten Kräuter in den Rosinenkuchen, schmeckt er nicht. Kleinigkeiten können den Geschmack einer Speise so verändern, daß wir sie nicht mehr mögen. Sie können eine Speise aber auch in eine andere verwandeln oder ihren Geschmack so verfeinern, daß sie zu einem Gaumenschmaus wird. Lernen wir, solche Feinheiten herauszuschmecken, eröffnet sich uns eine ganze Welt voller Genüsse. Selbst in den alltäglichsten Speisen können sie stecken – zum Beispiel in einem Käsebrot.

Wir „sortieren" Genuß

Zwei Tische, Körbe oder Kartons werden nebeneinandergestellt. Auf einer Decke liegt ein kunterbuntes Durcheinander aus frischem Obst und Gemüse und daraus hergestellten Lebensmitteln bereit: Äpfel und Apfelmus, Apfelsaft, getrocknete Apfelringe sowie eine leere Packung Apfelkuchen, Möhren und Möhrensaft, Möhrensalat im Glas und Dosenmöhren, Tomaten und Dosentomaten, Ketchup oder eine leere Packung Tomatenpizza, frischer Spinat und eine leere Packung Tiefkühl-Rahmspinat sowie Teigwaren mit Spinatfüllung, Getreidekörner und Getreideflocken, eine Müslimischung, Brot, Cornflakes oder ein Müsliriegel, frische Milch und Milchschnitte, Kinderschokolade und Fruchtjoghurt, Kartoffeln und eine leere Packung Pommes oder Kroketten und Chips ...
Die Kinder sollen nun die frischen Lebensmittel auf dem einen Tisch und die verarbeiteten auf dem anderen zusammenstellen. Woran läßt sich erkennen, daß ein Lebensmittel verarbeitet ist? Was geschieht beim Verarbeiten mit Farbe, Form und Geschmack des ursprünglichen Nahrungsmittels? Warum überhaupt wird Nahrung verarbeitet? Sind alle Lebensmittel sortiert, kosten wir von beiden Gruppen: zum Beispiel frische Tomaten und Tomatenketchup oder rohe Möhren und Möhrensalat. Welche Geschmacksunterschiede zwischen frischen und Fertigwaren lassen sich feststellen?

Der Schein trügt

Wir betrachten nun die Verpackungen der verarbeiteten Lebensmittel. Was ist darauf zu sehen? Das, was in ihnen steckt? Oder wird gemogelt? Auf der Müsliriegel- und der Milchschnitte-Verpackung sind zum Beispiel Getreide, Honig und Milch abgebildet. Kosten wir einmal, ob wir diese Zutaten herausschmecken können. Oder herrscht ein anderer Geschmack vor? (Vermutlich der Süßgeschmack, denn eine Milchschnitte enthält nur einen Eßlöffel Milch, genausoviel Fett und ungefähr drei Würfel Zucker.) Warum sind diese Zutaten nicht abgebildet? Wollen wir festhalten, was wirklich in verarbeiteten Lebensmitteln steckt, ziehen wir auf einem Blatt einen dicken Strich. Auf die eine Seite malen oder kleben wir nun jeweils die Verpackung eines Lebensmittels, auf die andere die tatsächlichen Zutaten.

Die Käsekenner

Natürlich verarbeitete Nahrungsmittel lieben wir als echte Feinschmecker besonders – wie zum Beispiel Käse. Auf einem Brett liegen junger und alter Gouda, frischer und reifer Camembert sowie Butterkäse. Wer kennt die Namen der Käsesorten?

Wodurch unterscheiden sie sich voneinander? Wie sehen zum Beispiel die Rinden aus, und wie fühlen sie sich an? Ein wenig auf dem Käse herumzudrücken ist erlaubt, sogar Erwachsene tun das, um zu testen, ob er hart oder weich ist. Wie ist das zum Beispiel beim Gouda? Mit zunehmendem Alter wird er immer härter. Camembert dagegen ist ein Weichkäse und fühlt sich auch so an. Eine samtartige weiße Haut überzieht ihn. Im Gegensatz zur Goudarinde läßt sie sich mitessen. Auf welche Arten lassen sich die Käsesorten überhaupt genießen? Als Brotbelag oder vielleicht als Krönung einer leckeren Tomatensoße?

Zart wie Samt und Seide

Haben wir den Käse ausgiebig betrachtet, wollen wir ihn auch probieren. Jedes Kind bekommt ein Stückchen von jeder Sorte. Zunächst schnuppern alle ausgiebig und versuchen zu beschreiben, was sie riechen. Vielleicht helfen Vergleiche mit anderen Nahrungsmitteln. Riechen manche nicht ein wenig nach Pilzen oder Nüssen? Wer findet welchen Geruch besonders appetitlich?

Mit einem Zahnstocher pickt jeder einen Käsewürfel auf und legt ihn auf die Zunge – ohne ihn zu kauen. Erst einmal wollen wir versuchen, einfach nur zu schmecken. Was geschieht mit dem Käse im Mund? Zerfließt er von selbst, oder müssen wir mit den Zähnen nachhelfen? Läßt sich der Geschmack in Bilder fassen? Erinnert er etwa an Erde oder Blätter, an Samt und Seide, an Milch und Sahne, an Nüsse oder an ...? Kosten wir nacheinander jungen und alten Gouda, stellen wir fest, daß selbst Käsestückchen einer Sorte ganz verschieden schmecken können. So kann eine schlichte Käsestulle jeden Gaumen auf ganz eigene Art verwöhnen.

Goldene Löffel und Kerzenschein

Rituale stimmen ein

Warum sitzen wir beim Essen am Tisch und liegen nicht auf dem Sofa? Wozu den Tisch bei jeder Mahlzeit mit Tellern, Messern, Gabeln und Gläsern decken? Hinterher muß alles abgeräumt und gespült werden. Sollten wir Geschirr und Besteck nicht besser abschaffen? Bevor wir nun ganz schnell ja sagen, wollen wir ausprobieren, ob Tischsitten nicht doch einen Sinn haben. Dabei erleben wir, wie schön sie sein können!

Heute machen wir es uns schön

Frühstücken kann man auf einfache, aber auch auf besondere Weise. Wir überlegen, worauf wir auf keinen Fall verzichten wollen. Ein Tisch muß her – und Stühle. Besteck und Geschirr. Was aber brauchen wir, um das Frühstück zu einem Festmahl zu machen? Ein Tischtuch? Weingläser, um daraus Saft zu trinken? Blumen und Kerzen als Verzierung? Schön gefaltete Servietten. Die Kinder bilden kleine Gruppen und decken jeweils gemeinsam „ihre" Festtafel. Dann wird gefrühstückt. Macht es mehr Spaß, an einem schön gedeckten Tisch zu essen als an einem „normalen"? Essen wir vielleicht sogar anders als sonst? Langsamer und mit mehr Achtsamkeit gegenüber den schönen Dingen um uns herum?

Auf die Plätze ...

Die meisten von uns haben beim Essen einen Stammplatz. Nicht einmal im Traum fiele es ihnen ein, den Platz zu tauschen. Genau das wollen wir jetzt ausprobieren. Fühlt es sich seltsam an, auf einem „fremden" Stuhl zu sitzen? Sieht man von dort aus die Welt vielleicht ganz anders? Wer sich nicht wohl fühlt auf seinem neuen Platz, darf wieder tauschen.

Während wir unsere Pausenbrote vertilgen, machen wir einen Sitztest. Alle stellen die Füße so fest auf den Boden, als ob sie Wurzeln schlagen wollten, und setzen sich ganz gerade hin. Dann machen wir die Gegenprobe: Alle zappeln und rekeln sich am Tisch. Wie ißt es sich angenehmer?

Wie macht das Essen mehr Spaß? Wenn wir uns gemeinsam an den Tisch setzen, vielleicht Kerzen anzünden und die Mahlzeit mit einem kleinen Spruch oder Lied einleiten oder wenn wir einfach losfuttern, ohne auf die anderen zu achten? Sprüche, Lieder und Tischgebete sind Bräuche, mit denen man seine Vorfreude aufs Essen, aber auch seine Dankbarkeit dafür zeigt. Eine Mahlzeit läßt sich auch gemeinsam beenden – zum Beispiel, indem man Kerzen ausbläst. Jeden Tag darf ein anderes Kind diese Aufgabe übernehmen. Ist es nicht schön, wenn alle zusammen am Tisch sitzenbleiben?

Tischsitten

Tischsitten sind in etwa dasselbe wie Spielregeln. Sie dienen dazu, den Ablauf einer Mahlzeit für alle so angenehm wie möglich zu gestalten. Dürfte man beim Essen an den Füßen spielen oder in der Nase bohren, wäre es mit der Tischgemeinschaft bald vorbei: Die anderen würden sich angeekelt zurückziehen.

Wir essen mit den Händen

🍓 Packt uns die Lust mit den Fingern gemeinsam aus einer Schüssel zu essen? Wir wollen es ausprobieren: mit einem leckeren Hirsebrei.

• *Zutaten: 3 Zwiebeln, 3 EL Olivenöl, 500 g Hirse, 1 l vegetarische Gemüsebrühe, Majoran, Muskat, Pfeffer, Jodsalz*

Zwiebeln häuten und feinhacken. Das Olivenöl erhitzen, und die Zwiebeln darin glasig dünsten. Die Hirse zugeben, anrösten, mit der Brühe auffüllen, kurz aufkochen und etwa 20 bis 30 Minuten ausquellen lassen. Den Hirsebrei mit den Gewürzen abschmecken.

Tip: Die Reste mit zwei Eiern vermengen, zu großen Talern formen und auf ein gefettetes Backblech setzen. Die Puffer mit geriebenem Käse bestreuen und überbacken.

🍓 Damit es beim Essen schön sauber zugeht, waschen alle sich vorher die Hände. Trotzdem dürfen sie nur mit einer Hand in die Schüssel langen und Breiklößchen formen, die dann auf ein Stück Brot in der anderen Hand gelegt werden. Mit der „Brothand" greifen wir nie in die Schüssel. Damit führen wir nur das belegte Brot zum Mund. Die „Schüsselhand" wiederum hat im Mund nichts verloren. Stecken wir sie versehentlich doch einmal hinein, müssen wir sie abwaschen. Auf diese Weise essen einige Völker in Afrika ihren Hirsebrei.

Nach dem Essen betrachten wir uns und unseren Eßplatz. Haben wir mehr gekleckert als sonst? Oder weniger? Alle überlegen, wie ihnen das Essen mit den Fingern gefallen hat? Es kann dabei durchaus unterschiedliche Meinungen geben.

Wir spielen „feine Leute"

Je vornehmer die Gesellschaft, desto komplizierter die Eßregeln. Bei feinen Leuten geht es sehr gesittet zu. Wollen wir wissen, wie man besonders „vornehm" ißt, verkleiden wir uns als Edelleute und lassen uns an einer elegant gedeckten Tafel nieder. Vielleicht erwarten uns dort sogar goldene Löffelchen. Je zwei Kinder bilden ein Paar. Das eine Kind spielt den „Gastgeber", das andere den „Gast". Der Gastgeber geleitet seinen Gast zu Tisch und bewirtet ihn aufmerksam. Was darf er ihm zu trinken bringen und zu essen reichen? Der Gast bedankt sich für die Aufmerksamkeit und äußert höflich seine Wünsche. Mundet das Essen nicht vortrefflich? Noch ein paar Kroketten oder Kartöffelchen gefällig? Gast und Gastgeber unterhalten sich über die raffinierten Speisen, die sie gerade verzehren. Wenn beide „genug" haben, beenden sie gemeinsam das Mahl. Der Gastgeber geleitet seinen Gast nach Hause. Hat es Spaß gemacht, so „vornehm" zu essen? Wem gefallen die Tischsitten der „feinen Leute", wem sind sie lästig? Welche Eßregeln kennen wir noch?

Chaos-Essen

Wer möchte, darf am „Chaos-Tisch" einmal all das tun, was sonst verboten ist. Mit den Fingern essen, schmatzen, kleckern, beim Essen aufstehen, in der Nase bohren. Einzige Bedingung: Die Chaoten müssen später aufräumen.

Läßt sich das Essen auf diese Weise genießen? Finden die anderen es appetitlich, wenn eine Kameradin beim Essen in der Nase bohrt? Wir entdecken, daß wir beim Essen eine kleine Gemeinschaft bilden. Damit es allen Spaß macht, sollten wir Absprachen treffen. Welche Tischregeln wollen wir in Zukunft einhalten?

Einerseits stiften Eßregeln also Gemeinschaft – doch andererseits dienen sie immer auch der Abgrenzung. In früheren Jahrhunderten wurden neue Regeln ausschließlich von Adligen „erfunden", die sich auf diese Weise vom „gemeinen Volk" abheben wollten. Ob die Regeln tatsächlich sinnvoll waren, spielte dabei kaum eine Rolle. Über viele, die lange Zeit gang und gäbe waren, können wir heute nur noch lachen. Zum Beispiel stritten sich Engländer und Deutsche eine Weile lang über die Frage, ob Suppe mit der Spitze oder mit der Seite des Löffels zu essen sei.

Sommerbeeren schmecken rot

Jede Jahreszeit deckt den Tisch anders, überrascht uns mit neuen Farben und neuem Geschmack.

Gehen wir in den Supermarkt, kommt es uns vielleicht so vor, als wäre dort Frühling, Sommer und Herbst zugleich. Auf dem Bauernmarkt hingegen bekommen wir nur Nahrungsmittel, die die Natur in dieser Jahreszeit zu bieten hat. Viele Kinder wissen heute weder, was in welcher Jahreszeit reift, noch, wie natürlich gereiftes Obst oder Gemüse im Vergleich zu Treibhausware schmeckt. Bieten wir daher Kindern die Gelegenheit, den Rhythmus der Jahreszeiten kennen- und schmecken zu lernen!

Die Jahreszeitenuhr

Würden wir auf Treibhausware verzichten, sähe unser Speiseplan jeden Monat anders aus. Um uns zu vergegenwärtigen, welche Obst- und Gemüsesorten in welcher Jahreszeit geerntet werden, basteln wir aus einer runden weißen Pappscheibe eine Jahreszeitenuhr und unterteilen sie in vier Viertel. Bei Spaziergängen oder wenn wir über den Markt schlendern, halten wir Ausschau, welche Gemüse, Obstsorten und Kräuter gerade reif sind. Im Frühling zum Beispiel Kresse, Radieschen, Spargel. Im Sommer Beeren, Pfirsiche, Salat, Kohlrabi, Bohnen, Brokkoli und Spinat. Im Herbst Kürbisse, Zwiebeln, Mais, Lauch, Pilze, Pflaumen, Äpfel, Birnen und Rote Bete. Und im Winter Nüsse, Lauch, Karotten, Sellerie, Feldsalat, Endivien, Grünkohl, Weiß-, Rot- und Rosenkohl. Wir malen die Früchte auf die Jahreszeitenuhr. Ist das Zifferblatt voll, befestigen wir eine zweite drehbare Scheibe mit einem Fenster darauf. So behalten wir den Durchblick, was die Natur uns gerade zu bieten hat.

Wonach schmecken die Jahreszeiten?

Überlegen wir einmal, wie Frühling, Sommer, Herbst und Winter riechen, schmecken und aussehen. Welche Farben haben zum Beispiel Sommerfrüchte? Und liegt im Herbst nicht ein ganz bestimmter Geruch in der Luft? Einmal pro Jahreszeit sammeln die Kinder, was zu dieser Jahreszeit gehört. Auf einem Spaziergang über den Markt dürfen sie einen Korb mit Früchten der Saison füllen und ihn mit Blumen aus dem Garten oder vom Wegesrand schmücken. Aus dem Obst backen wir Kuchen: Nußkuchen, Erdbeertorte, Kirschenmichel, Zwetschendatschi.

Bäumchen, Bäumchen, wechsel dich

Ist ein Obstbaum in der Nähe, den wir jeden Tag anschauen können, oder ein Feld, zu dem wir gelegentlich spazieren können? Dann sollten wir die Gelegenheit ergreifen, das Keimen, Blühen und Ernten zu beobachten. Wieviel Zeit braucht beispielsweise ein Apfel oder eine Birne, um zu wachsen und zu reifen? Und wieviel Zeit brauchen wir, um einen Apfel aufzuessen?

> Was bin ich?
> Im Frühling war ich eine rosa Blüte,
> im Sommer schaukelte ich im Laub.
> Als rote Kugel kannte mich der
> Herbstwind.
> Im Winter ißt mich fast jedes Kind.
> (Ein Apfel)

Die Sonne küßt die Sonnenblumen

Es ist gar nicht so leicht, sich vorzustellen, daß aus winzigen Samen wunderschöne Blüten und Früchte entstehen können. Probieren wir es einmal aus und pflanzen Sonnenblumenkerne in Blumentöpfe oder an einen sonnigen Platz im Garten. Damit uns die Zeit bis zur Blüte nicht so lang wird, stellen wir uns vor, wir selbst seien Sonnenblumen.

Plumps, fallen die Samen ins Erdreich: Einige Kinder legen sich auf den Boden. Braune Tücher decken sie zu, so wie die Erde die Kerne bedeckt. Allmählich beginnen die Kinder unter den Tüchern hervorzukriechen. Sie werden von vielen Sonnenstrahlen empfangen – anderen Kindern mit gelben Tüchern oder Bändern, die den „Keimlingen" zart über den Rücken streichen. Nun beginnt es zu regnen. Die Regentropfen – Kinder, die blaue Tücher schwingen und den „Pflänzchen" vorsichtig auf den Rücken klopfen – ermuntern die Sonnenblumen zu wachsen: Überall weisen vorwitzige Finger

in Richtung Sonne. Immer ausgelassener tanzen Sonnenstrahlen und Regentropfen, immer schneller sprießen die Blumen. Die Kinder knien, stehen auf, recken und strecken sich ausgiebig. Sie wiegen sich im Sommerwind. Dann kommt ein Herbststurm und pustet alle Sonnenblumen um: Sie knicken ab und fallen zu Boden. Andere Kinder picken die Samen aus den Blütenköpfen.

Bis sich im Blumentopf oder im Garten das erste zarte Grün zeigt, müssen wir uns eine ganze Weile gedulden. Wenn wir die Pflänzchen dann gut hegen und pflegen, lachen uns im Spätsommer viele leuchtendgelbe Sonnenblumen an. Im Herbst können wir dann die Sonnenblumenkerne ernten, um sie im Frühjahr darauf wieder einzupflanzen.

Wir legen ein Gemüsebeet an

Wenn sich die Gelegenheit dazu bietet, sollte man mit Kindern ein Beet anlegen, so daß sie Wachsen und Reifen von Gemüse und Salat beobachten können. Im Sommer können wir dann frischen Kopfsalat und Tomaten, im Herbst Möhren und Kürbisse ernten und daraus bunte Salate oder Suppen zubereiten. Ein paar Pflanzen bleiben bis zum Winter stehen. Was passiert mit ihnen? Bleibt der Kopfsalat knackig und rund wie eine Kugel? Oder wird er lang und klapperdürr und ist nach dem ersten Frost erschlagen? Wie kommt es dann, daß auch im Winter so pralle Salatköpfe im Supermarkt angeboten werden? Wir sehen: Sommersalat kann nur mit Tricks im Winter zum Reifen gebracht werden. Entweder kommt er aus der künstlichen Wärme eines Treibhauses, oder er wird von weither eingeflogen. Mausohrsalat (Feldsalat) und Lauch jedoch wachsen auch bei uns im Winter.

Es grünt so grün

Einem alten Aberglauben zufolge verstecken sich in grünen Kräutern und Gemüsen Zauberkräfte. Tatsächlich stärken sie nach einem düsteren Winter den sonnenhungrigen Körper. Besonders die zarten Blättchen und Knospen von Wiesenkräutern sind reich an Vitaminen und Mineralstoffen.

Am Donnerstag vor Ostern, dem ursprünglichen „Greindonnerstag", wurden früher Sünder, „Greinende", aus der Buße entlassen. Noch heute feiern Christen diesen Tag als „Gründonnerstag". Daß der „Grein-" zum „Gründonnerstag" wurde, hängt damit zusammen, daß die Meßgewänder für diesen Tag grün sind und man in manchen Gegenden Spinat oder andere grüne Speisen zum Essen serviert. Diese Tradition entstammt vermutlich schon vorchristlicher Zeit. Bereits die alten Germanen aßen an diesem Tag zu Ehren des Donnergottes Thor Nesseln mit grünem Kohl.

Frühling schmeckt nach zarten Kräutern

Was für eine Freude, wenn nach einem langen, dunklen Winter die Frühlingssonne die Natur zu neuem Leben erweckt. Auch wir spüren den Frühling in uns. Eine unbändige Lust, uns zu bewegen, packt uns, und nach den vielen süßen Leckereien des Winters steht uns der Sinn nach dem ersten frischen Grün. Es bringt nicht nur Farbe ins Essen, sondern macht uns auch munter und kräftig.

Ein Frühlingsspaziergang

In keiner anderen Jahreszeit gibt es so viele Gründtöne wie im Frühling. Bei einem Spaziergang können wir versuchen, sie zu zählen. Wer möchte, kann Papier und Buntstifte mitnehmen und ein Frühlingsbild malen. Wie zart und weich Blätter, Kräuter und Gräser sind! Duften sie auch? Wir riechen daran und kosten Frühlingskräuter und Sprossen von Fichte, Tanne und Kiefer.

Auf unserem Spaziergang spielen wir Kräuterdetektive. Alle bekommen Blätter von vier oder fünf Kräutern und gehen auf die Suche nach den dazugehörigen Pflanzen. Wer mag, pflückt einige Blätter und Blüten für ein Frühlingsblüten-Brot:

Wir feiern ein Frühlingsfest

Unsere Freude darüber, daß es endlich Frühling wird, feiern wir mit einem Frühlingsfest. Dazu werden die Tische mit grünen und weißen Tüchern gedeckt. Wir flechten Kräuterkränze (traditionsgemäß aus sieben Kräutern) oder binden Kräutersträußchen als Tischschmuck. Außer Frühlingblüten-Broten lassen wir uns auch Kräuterbrote aus dem Blumentopf schmecken.

Frühlingsblüten

Wir belegen Butterbrote mit gesammelten Kräutern und Blüten und essen sie anschließend auf. Besonders hübsch sind Brote mit Blüten von Bärlauch, Frauenmantel, Gänseblümchen, Giersch, Gundermann, Knoblauchsrauke, Ringelblumen, Wiesenschaumkraut und Löwenzahnknospen.

Haben wir genügend Kräuter gesammelt, können wir einen Feld-Wald-Wiesensalat zubereiten. Pro Esser benötigt man ein bis zwei Handvoll Blätter von „Wildgemüsen". Sie werden sauber gewaschen und feingeschnitten. Mit einer milden Salatsoße schmecken sie am besten.

Blumentopfbrote

• *Zutaten: pro Kind 1 neuer Blumentopf, 1 kg neutraler Hefeteig (Zubereitung siehe Seite 9), je 1 Bund Dill, Schnittlauch, Petersilie, 2 Knoblauchzehen, Jodsalz, Speiseöl, Kürbiskerne, Sonnenblumenkerne, kleine Apfelwürfel, Eigelb zum Bestreichen*

Die Blumentöpfe gründlich reinigen und etwa eine halbe Stunde in Wasser legen. In der Zwischenzeit den Hefeteig zubereiten. Die Kräuter waschen, trockentupfen und feinhacken. Die Knoblauchzehen häuten und durch die Presse drücken oder hacken. Ist der Teig zum erstenmal gegangen, Kräuter und Knoblauch, mit einem Eßlöffel Jodsalz vermischt, einarbeiten. Die Tontöpfe innen gut einölen. Jeden Topf zu zwei Dritteln mit Hefeteig füllen. Besonders hübsch sehen die Blumentopfbrote aus, wenn die Kinder sie vor dem Backen mit Kürbiskernen, Sonnenblumenkernen oder kleinen Apfelwürfeln (die Schale nach oben) verzieren und anschließend mit Eigelb bestreichen. Bei 220 °C (Umluft 200 °C) etwa 30 bis 40 Minuten backen.

Kräuterquark

Zu den Blumentopfbroten servieren wir einen Kräuterquark mit sieben Kräutern (z.B. Borretsch, Petersilie, Sauerampfer, Kresse, Kerbel, Schnittlauch, Pimpinelle) oder Kräuterbutter (siehe Seite 59). Beim Anrühren kosten wir von den Kräutern und lernen ihre Namen kennen. Mögen alle die Kräuter? Wenn nicht, belassen wir einen Teil des Quarks oder der Butter „natur" und stellen Schüsselchen mit den gehackten Kräutern daneben. So kann jeder sich seinen Wunschquark zubereiten.

bäumchen können wir unserer Phantasie freien Lauf lassen. Hartgekochte Eier färben wir ein und schmücken damit zum Beispiel Kressenester.

Kressenester fürs Osterfest

Wir bemalen flache Tonschalen und füllen sie mit Erde.

Dann säen wir Kresse hinein. Schon bald recken sich zarte grüne Blättchen dem Licht entgegen. Nach vier bis fünf Tagen haben wir schöne Kressenester. An Ostern legen wir in jedes Nest ein buntes gekochtes Ei.

Aus Kresse und Eiern lassen sich leckere Frühstücksbrote bereiten. Sieht so ein Brot nicht aus wie eine Frühlingslandschaft mit kleinen Sonnen und Schneefeldern, zwischen denen das erste Grün hervorsprießt?

Bunte Eier

Ebenso wie junge Kräuter und grünes Gemüse gehören Eier zum Frühling. Wir brauchen nur an die vielen Vögel denken, die im Frühjahr ihre Nester bauen, oder an die Ostereier, die jedes Jahr am Ostersonntag im Garten oder im Haus versteckt sind. Wir nehmen ein Ei in die Hand. Erinnert es nicht an einen Kieselstein? Dabei ist es innen weich und steckt voller Nährstoffe.

Beim Bemalen ausgeblasener Eier für das Oster-

Hol dir ein Rot

Was macht die Sonne mit den Pflanzen?

Ohne Sonnenlicht kann keine Pflanze gedeihen. Pflanzen benötigen die Energie der Sonne, um die verbrauchte Luft, die wir ausatmen, in Zucker und Stärke zu verwandeln. Dabei geben sie Sauerstoff ab – „reine" Luft, die wir zum Leben brauchen. Aus der gewonnenen Energie baut die Pflanze Blätter, Stengel und Früchte. Einen Teil davon, die Stärke, lagert sie ein – zum Beispiel in Knollen, wie die Kartoffel. Pflanzen enthalten außerdem zahlreiche Farb- und Duftstoffe, mit denen sie manche Insekten anlocken und andere abschrecken, und häufig auch für den Menschen giftige oder heilsame Inhaltsstoffe oder solche, die Krankheiten vorbeugen.

Sommerbeeren, Kirschen und Tomaten

Es ist Sommer – wir spüren die Sonne auf der Haut und träumen von kühlen Getränken, saftigen Früchten und leckerem Eis. In den Gärten und auf dem Markt lachen uns Erdbeeren, Himbeeren, Johannisbeeren und Kirschen in allen erdenklichen Rottönen an. Zu keiner anderen Jahreszeit läßt sich so bunt essen und trinken wie im Sommer. Lassen wir uns den Tisch von der Sonne decken!

Der Sommer schmeckt nach Himbeereis

Spazieren wir einmal zur Eisdiele und zählen, wie viele Eissorten sie uns zu bieten hat. Haben alle schon ihr Lieblingseis gefunden? Wer erkennt die Eissorten am Aussehen? Gemeinsam suchen wir drei oder vier Kugeln aus, die wir gerne kosten möchten. Alle bekommen ein Löffelchen davon und lassen sich das Eis mit geschlossenen Augen auf der Zunge zergehen. Läßt sich die Sorte am Geschmack erkennen?

Die kleine Eisfabrik

Wir wollen testen, ob selbstgemachtes Eis anders, vielleicht sogar besser schmeckt als Eis aus der Tiefkühltruhe oder der Eisdiele. Dazu bauen wir uns eine kleine Eisfabrik.
• *Zutaten: 750 g Sahne, 9 EL Zucker, 300 ml Joghurt, 100 g Himbeeren oder andere Früchte, 1 Zitrone, 3–4 EL Kakaopulver, Vanillepulver*
Die Sahne gleichmäßig auf drei Rührschüsseln verteilen. Jede Portion mit drei Eßlöffeln Zucker steif schlagen, und dann jeweils 100 Milliliter Joghurt zufügen. Die Himbeeren waschen, trockentupfen und zerquetschen oder pürieren. Die Zitrone auspressen. Himbeerpüree und Zitronensaft jeweils unter eine Portion Sahnemasse ziehen. Das Kakaopulver durch ein feines Sieb auf die dritte Portion Sahne stäuben und vorsichtig unterheben. Zum Schluß mit Vanillepulver abschmecken. Die Eiscreme in drei gefrierbeständige Schüsseln oder Förmchen geben und mindestens sechs Stunden einfrieren. In den ersten drei Stunden vier- oder fünfmal umrühren. Das Eis zehn bis 15 Minuten vor dem Servieren aus der Kühltruhe oder dem Eisfach nehmen.

Picknick unterm Sommerhimmel

Machen wir einen Ausflug ins Grüne, bekommen die Kinder vom Laufen und Toben bald einen Riesenhunger. Dann ist es Zeit für ein Picknick. Bevor wir losgehen, überlegen wir, was wir dafür alles brauchen. Die Lebensmittel und Getränke, die wir gerne mitnehmen würden, malen wir auf Kärtchen und spazieren damit über den Markt. Welche Obst- und Gemüsesorten liegen in den Marktkisten? Kennen alle die Namen? Befinden sich darunter auch „unsere" Picknicksachen? Wer eine Zutat entdeckt hat, darf sie kaufen.
Zu einem richtigen Picknick gehört auch ein Lagerfeuer. Über den Flammen lassen sich Gemüsespieße und Maiskolben grillen und Stockbrote backen, und in der Glut kann man – in Alufolie oder Ampferblätter gewickelt – Kartoffeln garen. Man kann auch im Sandkasten ein

Lagerfeuer veranstalten. Dazu ein entsprechend großes Loch in den Sand buddeln, mit Alufolie auskleiden und darin das Feuer abbrennen. Nach Bedarf einen Grillrost über die Glut legen.

Tip: Wenn Fett oder Marinade in die Glut tropft, entstehen Schadstoffe. Daher sollte man Speisen am besten in wiederverwendbaren Aluminiumschalen garen oder einen Grill mit Abtropfrinne verwenden.

Stockbrot

• *Zutaten: 500 g Vollkornmehl, 1 Päckchen Hefe, 2 TL Jodsalz, 5–6 EL Olivenöl, 200 ml Wasser*
Aus den Zutaten einen Hefeteig bereiten. Den Teig gehen lassen, ausrollen, in lange, schmale Streifen schneiden, und diese um geschälte Äste wickeln. Dabei darauf achten, daß nicht zu viele Schichten übereinandergewickelt werden, damit das Garen nicht zu lange dauert.

Gegrillte Maiskolben

• *Zutaten: 10 Kolben Zuckermais mit Blättern*
Die Maiskolben vorsichtig schälen. Dabei die Fäden entfernen, ohne die Blätter ganz abzulösen. Die Blätter oben wieder zusammenschlagen und mit Nähgarn zusammenbinden. Die Maiskolben 20 bis 30 Minuten grillen und dabei häufig wenden.

Gemüsespieße

• *Zutaten: 2 dünne Zucchini, 2 gelbe Paprika, 20 Cocktailtomaten, 2 Gemüsezwiebeln, 4–5 EL Olivenöl*
Gemüse in Scheiben oder große Würfel schneiden. Die Zwiebeln schälen, vierteln und in fingerdicke Scheiben schneiden. Gemüsestückchen ab-

wechselnd auf große Spieße stecken, mit Öl bepinseln und etwa 15 Minuten grillen. Dabei öfter wenden und nachölen. Gegrilltes Gemüse schmeckt mit etwas Salz und Kräuterbutter oder Tomatensoße (siehe Seite 65) besonders gut.

Kräuterbutter

• *Zutaten: 250 g weiche Butter, 1 TL Zitronensaft, 1 EL gehackte Petersilie, 1 EL Schnittlauchröllchen, 1 EL gehackte Zitronenmelisse, Jodsalz*
Die Butter mit dem Zitronensaft schaumig rühren, die Kräuter untermischen, und die Masse mit Jodsalz abschmecken. Die Kräuterbutter auf Butterbrotpapier streichen, zu einer Wurst rollen und im Kühlschrank fest werden lassen.

Diese „Pflanzeninhaltsstoffe" sind sehr unterschiedlich aufgebaut. In unserer Nahrung kommen mehr als 10.000 Stoffverbinodungen vor. Weniger als 100 sind bis heute genauer erforscht.

Der Herbst schmeckt rund und bunt

Äpfel, Nüsse und viel mehr

Von August bis Oktober beschenkt uns die Natur mit einer Fülle von Früchten. Gehen wir auf den Markt, tauchen wir ein in ein Farbenmeer aus roten Tomaten, blauen Pflaumen, gelben Äpfeln, braunen Eßkastanien und Nüssen und vielen bunten Blumen. Im Getreidespeicher und im Keller eingelagert, bewahrte eine üppige Ernte unsere Vorfahren im Winter vor dem Hunger. Die letzte Fuhre wurde daher gebührend gefeiert: mit dem Erntedankfest am ersten Sonntag im Oktober. Noch heute feiern viele Christen den Erntedank in einem Gottesdienst. Doch längst wissen viele Kinder mit dem Wort „Ernte" nichts mehr anzufangen. Geerntet wird heutzutage im Supermarkt oder im Kühlschrank. Bringen wir den Kindern die Bedeutung

des Erntens wieder nahe – zum Beispiel beim Nüssesammeln auf einem Spaziergang oder bei der Apfelernte im Garten –, werden sie den Wert von Nahrungsmitteln ganz neu schätzen lernen.

Wir machen eine Nußwanderung

Auf einem Spaziergang sammeln wir Walnüsse, Haselnüsse, Bucheckern, Eßkastanien, Roßkastanien und Eicheln. Wie sehen die Schalen der Früchte aus? Später knacken wir die Nüsse und lassen uns ihre „Herzen" auf der Zunge zergehen. Schmecken sie ölig, würzig, erdig, bitter, mild, harzig oder vielleicht süß? Machen sie schnell satt? Haben wir Nüsse mitgebracht, die wir normalerweise nicht essen?
Anschließend probieren wir Nüsse, die bei uns nicht wachsen: Erdnüsse, Paranüsse, Mandeln, Pistazien, Pekanüsse, Cashewkerne und eine Kokosnuß. Schmecken sie anders als die einheimischen Nüsse?
Aus den übriggebliebenen Nüssen legen wir ein Bild und lassen dabei die verschiedenen Formen und Brauntöne noch einmal auf uns wirken. Keine Nuß sieht wie die andere aus.

Im Apfelland

Bei einem Spaziergang über den Markt schauen wir uns die Stände mit Äpfeln an. Wie viele Sorten werden feilgeboten? Von jeder Sorte kaufen wir zwei Äpfel, um sie später genau zu betrachten. Was haben alle Äpfel gemeinsam, und was unterscheidet die einzelnen Sorten voneinander? Jeder Apfel hat einen Stiel, der daran erinnert, daß die Frucht bis vor kurzem am Baum gehangen hat. Die Blütenreste lassen zurückdenken an den Frühling. Aus den Kernen können neue Bäume wachsen. Wie fühlen sich die Schalen an? Und welche Düfte verströmen die Äpfel? Hat mancher Apfel gar einen kleinen Mitbewohner?

Schneiden wir die Äpfel auf, spüren wir, daß manche fester oder saftiger als andere sind. Welcher Apfel ist der sauerste, welcher der süßeste? Können wir den Geschmack der verschiedenen Sorten beschreiben?

Besonders spannend ist der Versuch, die Sorten nur nach dem Geschmack zu bestimmen. Ein Kind schließt die Augen und wird von den anderen mit kleinen Apfelstückchen „gefüttert". Es darf so lange weiterprobieren, bis es sich irrt oder alle Sorten gekostet hat.

Das Apfelpuzzle

Mit dem Apfelausstecher entfernt man das Kerngehäuse von Äpfeln verschiedener Sorten. Anschließend schneidet man die Äpfel in Ringe und vermischt die „Puzzlestücke". Wem gelingt es, die zerschnittenen Äpfel wieder zusammenzufügen?

Wir feiern ein Apfelfest

Äpfel lassen sich auf vielfältige Weise zubereiten. Wir backen Apfelkuchen, Apfelpfannkuchen, bereiten Apfelquark und Apfelkompott, pressen Apfelsaft, kochen Apfeltee und mischen aus geraspelten Äpfeln und Möhren einen Apfelsalat.

Apfeltee

• Zutaten: 8 Äpfel, 1 Zitrone, 3–4 Eßlöffel Apfeldicksaft

Die Äpfel mit Schale in kleine Stückchen schneiden und mit kochendem Wasser überbrühen. Zitronensaft zufügen. Die Masse drei Stunden ziehen lassen. Dann mit zwei Litern Sprudel auffüllen. Mit Apfeldicksaft abschmecken.

Bratäpfel

• Zutaten: 10 kleine Äpfel, 2 El Rosinen, 2 EL gehackte Mandeln, 2 EL Kokosraspeln, 4 EL Marmelade, evtl. 1 EL Apfelsaft, Butter

Mit einem Apfelausstecher das Kerngehäuse entfernen. Rosinen, Mandeln, Kokosraspeln und Marmelade mischen, eventuell mit Apfelsaft weichrühren. Die Äpfel füllen und in eine gefettete Auflaufform setzen. Auf jeden Apfel ein Butterflöckchen geben. Etwa 45 Minuten bei 200 °C (Umluft 180 °C) backen, bis die Äpfel weich sind, aber noch nicht zerfallen.

Variante: Die gefüllten Äpfel schmecken auch ungebraten mit Vanillesoße gut.

• Zutaten: 1 l Milch, 30 g Speisestärke, 1 Prise Jodsalz, 1 Vanilleschote, 4–5 EL Zucker

Etwas Milch mit Speisestärke verrühren. Die restliche Milch mit Salz, Vanillemark und Zucker zum Kochen bringen. Die angerührte Stärke unterrühren und eine halbe Minute kochen lassen.

Äpfel – knackige Vitaminspritzen

Auf der Erde gedeihen etwa 20.000 Apfelsorten. Doch davon werden nur wenige angebaut und in Lebensmittelgeschäften verkauft. Äpfel werden frisch und getrocknet gegessen, man kann Mus oder Gelee aus ihnen kochen, sie zu Saft oder Wein verarbeiten und vieles mehr. Sie enthalten sehr wenig Eiweiß und kaum Fett, sind also – im Gegensatz zu Nüssen – energiearm. Dafür enthalten sie eine Menge Vitamine, Mineral- und Ballaststoffe.

Boskop, Berlepsch, Goldparmäne, Idared, Maigold und Ontario sind die vitaminreichsten Apfelsorten. Einer dieser Äpfel versorgt ein Kind mit einem Drittel des täglichen Vitamin-C-Bedarfs. Der erfrischende James Grieve, ein saftiger oder auch mürber Apfel, schmeckt würzig bis feinherb. Cox Orange ist saftig, süß und würzig und eignet sich hervorragend fürs Backen.

Granny Smith, der „grünste" unter den Äpfeln, ist fest, saftig, etwas sauer und schwach im Aroma.

Zimt und Zauber

Das wärmt im kalten Winter

Im Winter ist es draußen oft so naß, kalt und düster, daß wir es uns am liebsten zu Hause gemütlich machen. Heiße Schokolade, Tee, Plätzchen und Wintergewürze wärmen uns von innen. Beim Plätzchenbacken lernen wir Wintergenüsse fühlen, riechen und schmecken. Auf der Fensterbank lassen wir knackige Sprossen sprießen. Sie versorgen uns mit Vitaminen, wenn Obst und Gemüse längst geerntet sind.

Funkelnder Gewürztee

Gewürze entfalten ihre Aromen am besten in der Wärme. Wollen wir uns verschiedene Düfte in die Nase steigen lassen, kochen wir einen rot funkelnden Malventee und gießen ihn in helle Tassen oder Gläser. Dann schnuppern alle daran und probieren ein Schlückchen. Auf dem Tisch stehen Schälchen mit Gewürzen: Vanille, Zimt, Nelken, Ingwer. Auch an den Schälchen schnuppern wir. Jeder streut eine Prise seines Lieblingsgewürzes in den Tee. Wie ein kleines Feuerwerk stieben die Gewürzteilchen auseinander. Wir rühren um und riechen noch einmal am Tee. Dann kosten wir. Haben sich Duft und Geschmack verändert? Wer möchte, darf mit etwas Honig oder Kandiszucker süßen. Wir zünden eine Kerze an und genießen unseren Gewürztee bei Schummerlicht.

Gewürze waren wilde Blumen

Früher waren Gewürze kostbare Schätze. Besonders teuer war Pfeffer. Noch heute sprechen wir deshalb von „gepfefferten Preisen". Gewürze helfen, Essen besser zu verdauen. Betrachten wir einmal Gewürze, die in der Adventszeit eine wichtige Rolle spielen:

Gewürznelken: Erinnern Gewürznelken nicht an Nägel? Deshalb werden sie auch „Näglein" genannt. Eigentlich sind sie jedoch die Blütenknospen des Nelkenbaumes. Sie werden kurz vor dem Aufblühen gepflückt und dann getrocknet. Plätzchen würzen wir mit gemahlenen Nelken, dem Nelkenpulver.

Vanillestangen: Diese schwarzen Stangen sollen nach leckerer Vanille schmecken? Schlitzen wir eine Stange auf, purzeln kleine Körnchen heraus, das Vanillemark. Schon beginnt es, intensiv nach Vanille zu duften. Vanilleschoten sind die Früchte rankender Orchideen.

Vergleichen wir einmal Vanillemark mit Vanillinzucker. Duften beide gleich gut und intensiv? Vanillinzucker enthält keine Vanille, sondern nur künstliches Vanillearoma. Zucker, Eis oder Pudding mit echter Vanille erkennen wir an den kleinen schwarzen Pünktchen des Vanillemarkes.

Zimtstangen: In warmen Ländern (vor allem in Sri Lanka) werden sie aus der Rinde des Zimtbaums gewonnen. Man schneidet dünne Zweige ab, schält sie und rollt die Rinde zum Trocknen ein. Auch Zimt ist in Pulverform erhältlich. Wer kann riechen, ob der Plätzchenteig Zimt enthält?

Winterpunsch

Mit einigen der Wintergewürze, die wir kennengelernt haben, bereiten wir einen Winterpunsch zu.

• *Zutaten: 2–3 EL Malven- oder Hagebuttentee, 1 kleine Zimtstange, 1/2 TL Gewürznelken, 1–2 EL Kandiszucker, 6 Orangen*

Malven oder Hagebutten in einen Kochtopf geben, mit einem Liter Wasser übergießen und mit Zimt, Nelken und Kandiszucker würzen. Den Tee aufkochen und fünf Minuten ziehen lassen, dann durch ein Sieb gießen. In der Zwischenzeit die Apfelsinen auspressen, und den Saft zufügen. Wer erzählt uns zum Punsch eine Wintergeschichte?

Gewürzplätzchen

Besonders großen Spaß macht den meisten Kindern das Ausstechen von Plätzchen. Den Teig dürfen sie mit zwei bis drei Gewürzen ihrer Wahl abschmecken. Kosten wir die fertigen Plätzchen, achten wir darauf, ob wir die Gewürze herausschmecken.

• *Zutaten: 750 g Mehl (Typ 405), 1/2 Päckchen Backpulver, je 2 Messerspitzen gemahlener Zimt, Nelken, Ingwer oder Vanille, 200 g Zucker, 3 Eier, 350 g kalte Butter*

Mehl mit Backpulver und Gewürzen mischen und mit Zucker, Eiern und Butter schnell zu einem glatten, geschmeidigen Mürbeteig verkneten. Diesen in Folie eingewickelt eine Stunde im Kühlschrank ruhen lassen und anschließend auf einer bemehlten Fläche ausrollen. Nun sind die Kinder mit Ausstechen an der Reihe. Beginnt der Teig zu kleben, muß er wieder gekühlt werden. Die Plätzchen vorsichtig auf ein gefettetes oder mit Backpapier ausgeschlagenes Blech legen und im vorgeheizten Backofen etwa zehn bis 15 Minuten bei 190 °C (Umluft 170 °C) backen.

Wer möchte, kann die Plätzchen nach dem Backen mit geschmolzener Schokoladenkouvertüre verzieren. Auch Nüsse, Mandeln oder andere Kerne lassen sich mit der flüssigen Schokolade ankleben.

Knackige Sprossen

Nach so vielen süßen Schleckereien steht uns der Sinn nach etwas Frischem, Knackigem, das nach Frühling schmeckt. Legen wir auf der Fensterbank ein Sprossenbeet an, können wir die grünen Vitaminspritzen sogar beim Wachsen beobachten. In einem Einmachglas weichen wir drei Eßlöffel Weizen (oder Gerste) etwa zehn bis zwölf Stunden in Wasser ein. Danach gießen wir das Wasser durch ein Haarsieb ab und „duschen" das Getreide. Zurück im Einmachglas, kommt das Getreide wieder auf die Fensterbank. Am nächsten Tag wird es eine halbe Stunde gewässert. Danach ins Sieb kippen, abbrausen und wieder zurück ins Glas geben. Diese Prozedur Tag für Tag wiederholen, damit das Getreide nicht zu schimmeln beginnt. Vor jeder „Dusche" betrachten wir die Keimlinge. Wie verändern sie sich? Nach vier Tagen können wir die Sprossen ernten und entweder direkt aufessen oder in einen Obstsalat mit 3 Orangen, 3 Kiwis, 150 g aufgetauten Himbeeren und 2 Bananen geben. Oder wir mixen einen Drachendrink.

Drachendrink

• *Zutaten: 5 Orangen, 1/2 l Traubensaft, 2 EL Weizenkeimsprossen*

Orangen auspressen. Den Orangensaft mit Traubensaft verrühren. Einen Eßlöffel Weizenkeime im Mixer pürieren und zum Saft geben. Jedes Glas Drachendrink mit Drachengras – ein paar Weizenkeimlingen – garnieren.

Wer weiß, wo die Pizza wächst?

Pizzas wachsen nicht im Supermarkt und Pommes nicht in der Pommesbude. Wir entdecken, wo das Essen wirklich herkommt und wie es gemacht wird.

Schrot und Korn

Eine Getreideähre enthält 20 bis 40 Körner. Um ein Brötchen backen zu können, muß der Bauer 21 Ähren ernten. Vor dem Backen werden sie gedroschen und gemahlen. Beim Dreschen rüttelt und schüttelt man die Körner aus den Ähren, trennt, wie der Volksmund sagt, „die Spreu vom Weizen". Früher benutzte man dazu Dreschflegel – eine Art Holzknüppel –, heute gibt es dafür Mähdrescher. Nach dem Dreschen wird das Korn gemahlen, grob zu Schrot zerkleinert oder in großen Walzen zu Flocken gequetscht. Das Dreschen war früher so anstrengend, daß man hinterher großen Hunger hatte und aß „wie ein Scheunendrescher".

Frühstücksbrötchen, Nudeln, Kuchen – was haben sie gemeinsam? Sie alle bestehen hauptsächlich aus Mehl. Doch bevor ein Getreidekorn im Kuchen oder im Brot landet, legt es einen Weg mit vielen Stationen zurück, auf dem es sich immer wieder verwandelt. Verfolgen wir es auf seiner „Reise", entdecken wir, wieviel Mühe und Arbeit in unserem Essen stecken.

Kennst du das Korn?

Auf dem Tisch liegen Ährenbündel verschiedener Getreidesorten. Die dazugehörigen Körner, Flocken, Schrote und Mehle füllen wir in große Schüsseln. Beim Hineinfassen achten alle darauf, wie sich die verschiedenen Körner und ihre „Geschwister" anfühlen. Wer kennt ihre Namen? Wir stellen Ähren, Körner, Flocken, Schrot und Mehl jeder Sorte zusammen. Worin unterscheiden sich die Getreidearten? Wer genug geschaut und gefühlt hat, malt die „Getreidefamilien" auf ein Blatt Papier.

Wir schauen uns verschiedene Ähren an. Wo verstecken sich die Getreidekörner? Wir pulen die Körner aus den Spelzen und betrachten sie. Vorsichtig beißt jeder auf ein Korn. Was kommt zum Vorschein, wenn das Korn geknackt ist? Auf einem schwarzen Blatt sortieren wir die Einzelteile: braune Schalenanteile, die einen weißen Kern enthalten, den sogenannten Mehlkörper, sowie das braunglänzende „Baby" der Pflanze, den Keimling.

Tip: Die Körner lassen sich besser knacken, wenn man sie vorher einige Stunden in Wasser quellen läßt.

Wir mahlen und sieben

Bevor es Mühlen gab, wurde Getreide auf einem glatten Mahlstein mit einem anderen Stein zerrieben. Probieren wir das aus, merken wir, wie mühselig es ist. Das entstehende Mehl ist hellbraun. Wer möchte das Mehl gerne weiß machen? Der muß das braune Mehl aussieben: In eine Glasschüssel rieselt weiße Getreidestärke: Weißmehl, wie alle es kennen. Und was ist im Sieb zurückgeblieben? Wir entdecken braune Schalenreste und Keimanteile. Sie sehen zwar nicht so schön aus wie das blütenweiße Mehl, enthalten jedoch die meisten Vitamine, Ballast- und Mineralstoffe. Unser weißes Mehl ist wie ein Auto ohne Räder. Alles außer dem Mehlkörper ist „abmontiert" oder „ausgezogen" worden. Deshalb heißt dieses Mehl auch „Auszugsmehl". Weiße Brötchen, Weißbrot und helle Nudeln bestehen aus solchem Auszugsmehl.

Die Tellersaat

Aus Getreidekörnern sollen neue Pflanzen entstehen? Kaum zu glauben! Wir säen eine Handvoll Körner in einen flachen Teller (und pflegen sie, wie auf Seite 63 beschrieben). Tag für Tag schauen wir nach, was mit ihnen passiert ist. Nach drei bis vier Tagen sind sie zu zarten Sprossen herangewachsen, die wir im Müsli oder zum Salat essen können. Schmecken die Sprossen anders als die Körner? Eine Portion Keimlinge lassen wir weiterwachsen. Wir beobachten, wie sie sich aufrichten und zu Halmen werden. Zwei Wochen später haben wir einen Rasen. Zu Ostern können wir Eier darin verstecken, zu Weihnachten eine Kerze hineinstellen.

Nudeln auf der Leine

Wer weiß, wie man Nudeln macht? Wir wollen es einmal ausprobieren.

• *Zutaten für Vollkornnudeln: 400 g Weizen, 100 g Buchweizen oder Weizen, etwa 10 EL Wasser, 1 TL Jodsalz*

Weizen und Buchweizen feinmahlen und mit den restlichen Zutaten vermischen. Den Teig so lange kneten, bis er elastisch ist und nicht mehr klebt. 20 Minuten ruhen lassen. Dann in Streifen schneiden oder durch die Nudelmaschine drehen. Die Nudeln 30 Minuten zum Trock-nen über eine Leine hängen. In sprudelndem Salzwasser etwa sechs bis acht Minuten kochen.

Spaghettitanz

Während die Nudeln trocknen, üben wir den Spaghettitanz. Staksig wie harte Spaghettistangen gehen wir durch den Raum. Dann taumeln, wirbeln und torkeln wir wie Nudeln im kochenden Wasser, bis wir ganz weich zu Boden sinken. Wir ringeln, kringeln, winden uns wie flutschige Spaghetti übereinander, durcheinander, umeinander, aneinander.

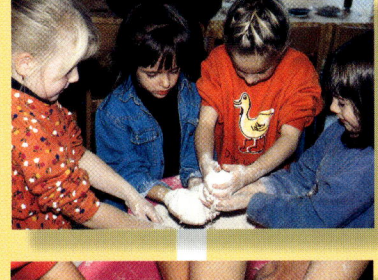

Selbstgemachte Tomatensoße

Tomatensoße gehört zu Nudeln wie Sahne zu Schokoladeneis.

• *Zutaten: 2 Zwiebeln, 2 Knoblauchzehen, 2 EL Olivenöl, 1,5 kg Tomaten, 1/4 Liter vegetarische* Brühe, 200 g Tomatenmark, Oregano, Paprika, Basilikum, Pfeffer, Jodsalz

Zwiebeln und Knoblauch schälen, kleinhacken und im Öl glasig dünsten. Tomaten vierteln und zu den Zwiebeln geben. Mit der Brühe ablöschen. Wie das zischt und brodelt! Die Masse etwa 20 Minuten köcheln lassen. Anschließend mit Tomatenmark abbinden und mit den Gewürzen und Salz abschmecken.

Dinkelspätzle

Spätzle werden direkt von einem Brett ins kochende Wasser geschabt. Sie sind einfacher zuzubereiten als Vollkornnudeln.

• *Zutaten: 500 g Dinkel oder Weizen, 5 Eier, 350 ml Milch, Jodsalz, 1 EL Sonnenblumenöl, 2 EL Butter*

Den Dinkel (oder Weizen) feinmahlen, und das Mehl mit Eiern und Milch verrühren. Den Teig salzen und etwa 10 Minuten quellen lassen. Einen großen Topf Salzwasser mit Öl erhitzen. Den Teig portionsweise mit einem Spätzlehobel in das kochende Wasser schaben. Sobald die Spätzle nach oben steigen, werden sie mit einem Schaumlöffel herausgenommen. In einem Sieb abtropfen lassen, in eine Schüssel geben und Butter darauf zerschmelzen lassen.

Tip: Gibt man 100 g Tomatenmark zum Teig, werden die Spätzle rot.

Lila Kühe, weiße Milch

Das gibt es auf dem Bauernhof

Weiß jedes Kind, woher die Milch kommt, die Tag für Tag auf dem Frühstückstisch steht? Und was man aus Milch alles machen kann? Normalerweise kaufen wir Milch in der Flasche oder in der Tüte im Supermarkt, andere Milchprodukte in Schachteln oder Bechern. Nichts läßt erkennen, daß Käse, Quark und Joghurt eigentlich aus Milch bestehen. Anders auf dem Bauernhof. Hier können Kinder beobachten, wie Milch sich in Käse oder Butter verwandelt. Sie lernen die Tiere kennen, die uns mit Nahrungsmitteln versorgen, und erfahren, wie diese Tiere leben.

Die Kuh

60 Kilo Gras frißt eine Kuh am Tag. Das sind fast sechs volle Schubkarren. Das Gras verdaut sie in vier Mägen. Zwischendurch läßt sie es noch mal ins Maul aufsteigen, um es gründlich durchzukauen. Das nennt man „Wiederkäuen". Außerdem braucht eine Kuh täglich sechs große Eimer Wasser, um etwa 20 bis 30 Liter Milch zu geben – wenn sie ein Kalb geboren hat. Das Kalb bekommt Milch „aus der Flasche". Zehn Monate lang liefert die Kuh dem Bauern Milch, insgesamt etwa 6.000 Liter pro Jahr. Ungefähr zehn Liter Milch benötigt man, um ein Kilo Schnittkäse zu erzeugen.

Wir besuchen einen Bauernhof

Was gibt es bei einem Ausflug auf den Bauernhof nicht alles zu entdecken! (Zur Not kann dieser Ausflug auch per Bilderbuch stattfinden.) Ställe, Traktoren, riesige, seltsam aussehende Maschinen und oft nur wenige Tierarten, meist viele Kühe oder viele Schweine oder viele Hühner. Wir können Bauer oder Bäurin fragen, wozu die ganzen Maschinen dienen und weshalb sie gerade diese Tiere halten. Vielleicht erklären sie uns, daß es weniger Arbeit ist, nur Kühe zu versorgen anstatt Kühe und Schweine und Hühner. Wer möchte, kann verschiedene Bauernhöfe anhand von Bilderbüchern vergleichen: zum Beispiel einen herkömmlichen mit einem ökologischen Bauernhof, einen afrikanischen Bauernhof mit einem amerikanischen Großbetrieb.

Welches Tier spendiert uns Butter?

Bratwurst, Käse, Schinken oder Joghurt sind für viele von uns einfach nur Lebensmittel. Überlegen wir einmal, welche Tiere sie uns eigentlich spendieren, und spielen Bauernhof. Alle Kinder bis auf eines „verwandeln" sich in Tiere: in Kühe, Schweine, Hühner, Ziegen und Schafe. Ein Kind spielt Bauer oder Bäurin und ruft den Tieren ein Nahrungsmittel zu, zum Beispiel: „Butter". Wer liefert die Zutat für Butter? Die richtigen Tiere melden sich in ihrer Sprache, muhen, mähen oder gackern. Doch der Bauer will wissen, wie schlau seine Tiere sind: Zwischendurch nennt er Lebensmittel, die gar nicht von ihnen stammen. Zum Beispiel Pflanzenöl oder Salat oder Müsli. Wer als erster den Fehler bemerkt, darf als nächster Bauer oder Bäurin spielen.

Von der Kuh zum Käse

Was hat die Kuh mit Käse zu tun? Oder ein Schwein mit Wurst? Ein Ketten-Memory hilft uns auf die Sprünge. Auf drei freie Memory-Karten kleben wir Bilder von einer Kuh, einem Glas Milch und einem Käse. Das ist unsere Milchkette. Wie setzt sich die Wurstkette zusammen? Aus Schwein, Fleisch und Wurst. Auch für andere Lebensmittel, zum Beispiel Getreide, Mehl, Spaghetti, lassen sich Ketten bilden. Sind genügend Karten beisammen, können wir Memory spielen. Die Karten werden gemischt und mit der Rückseite nach oben auf den Tisch gelegt. Alle versuchen reihum, drei zusammengehörige aufzudecken. Wer es geschafft hat, darf noch mal.

Lieder vom Bauernhof

Wir lernen das Lied „Im Märzen der Bauer". Arbeiten Bauern heute noch genauso? Oder ist das Leben auf dem Bauernhof ganz anders geworden? Wir versuchen zu beschreiben, was anders geworden ist. Dann singen wir noch das Lied: „Muh, muh, im Stall da steht die Kuh". Was erzählt uns dieses Lied? Was kann man sonst noch mit der Milch machen?

Muh, muh, muh,
im Stall, da steht die Kuh.
Sie gibt uns Milch und Butter.
Wir geben ihr das Futter.
Muh, muh, muh,
im Stall, da steht die Kuh.

Wir machen Joghurt

Kleine, fleißige Lebewesen, sogenannte Bakterien, verwandeln Milch in Joghurt. Sie knabbern den Milchzucker auf und machen daraus Milchsäure, die dem Joghurt seinen Joghurtgeschmack verleiht. Die Bakterien haben es gerne warm und ruhig.

Versuchen wir einmal, aus Milch Joghurt zu machen. Dazu erwärmen wir einen Liter H-Milch handwarm (45 bis 50 °C) und rühren 150 Gramm Naturjoghurt hinein. Die Milchsäurebakterien machen sich nun an die Arbeit. Besonders gerne arbeiten sie, wenn wir die Milch acht bis zwölf Stunden kuschelig warm stellen – das Gefäß zum Beispiel in eine warme Decke wickeln oder in eine Kochkiste (Karton mit Zeitungspapier) stellen. Auch eine Thermoskanne eignet sich (bitte nicht schütteln, sonst wird der Joghurt flüssig). Ist die Zeit abgelaufen, stellen wir die Joghurtmilch in den Kühlschrank – dort können die Bakterien sich ausruhen. Ließen wir sie weiterarbeiten, würde der Joghurt zu sauer. Außerdem schmeckt er gekühlt besonders erfrischend. Beim Verteilen des Joghurts achten wir darauf, wie er aussieht und sich anfühlt. Ist er flüssig oder eher fest? Alle, die Lust haben, kosten davon. Kitzelt er den Gaumen?

Köstlichkeiten aus Kartoffeln

Der Schatz der Inkas

Mitte des 16. Jahrhunderts brachten spanische Eroberer die ersten Kartoffeln von ihren Feldzügen bei den Inkas in Peru mit. Zunächst interessierten sich nur einige Gelehrte und Gärtner für den „Schatz der Inkas". Man bewunderte die schönen Blüten und entdeckte bald die heilende Wirkung der dicken braunen Knollen. Bei Hof galten Kartoffeln als eine Delikatesse. Im Laufe der nächsten zwei Jahrhunderte verbreitete sich der Kartoffelanbau über ganz Mitteleuropa: Die Kartoffel wurde zum Hauptnahrungsmittel. Sie versorgt uns mit gesunder Stärke, hochwertigem Eiweiß und vielen Wertstoffen, vor allem Vitamin C und Kalium. Man sollte daher möglichst oft Kartoffeln essen. Am besten Pellkartoffeln, weil geschälte Kartoffeln beim Kochen viele wasserlösliche Vitamine verlieren.

Abenteuer mit der tollen Knolle

Kartoffeln sind Verwandlungskünstler. Sie lassen sich auf vielfältige Art zu den verschiedensten Speisen verarbeiten. Das führt dazu, daß viele Kinder weder das „wahre" Gesicht der tollen Knolle kennen, noch wissen, in welchen Speisen sie eigentlich drinsteckt. Entdecken wir also, wo die Kartoffel herkommt und was man alles mit ihr machen kann. Ganz nebenbei erfahren wir auch, daß sich in vielen Kartoffelspeisen eine ganze Menge unnützes Fett versteckt.

Wir machen ein Kartoffelfeuer

Wissen alle, wie Kartoffeln wachsen und geerntet werden?

Früher, als es weniger zu essen gab als heute, mußten viele Kinder zur Kartoffelernte mit aufs Feld. Was für ein Spaß, wenn zum Schluß dann ein großes Kartoffelfeuer entzündet wurde.

Auch wir wollen bei einem Lagerfeuer leckere Kartoffeln garen. Besteht die Möglichkeit, im Garten ein paar Kartoffeln anzupflanzen, können die Kinder übers Jahr die Sprosse beim Wachsen beobachten und die Kartoffeln im Herbst ausbuddeln. (Andernfalls sollte man sich Kartoffeln vom Bauern besorgen.) Ist es nicht aufregend, all die kleinen Kartoffelkinder in der Erde aufzuspüren? Wie sehen die frisch geernteten Kartoffeln aus? Haben sie „Augen" und kleine weiße Wurzeln? Sind sie mit Erde verkrustet und riechen auch danach? Haben wir genügend Kartoffeln beisammen, zünden wir im Sandkasten ein Lagerfeuer an. Wir wickeln die Kartoffeln in Alufolie oder spießen sie auf einen Stock und garen sie in der Glut. Um uns die Zeit bis zum Essen zu vertreiben – die Kartoffeln brauchen fast eine Stunde, bis sie gar sind –, singen wir Lagerfeuerlieder. Zu den Kartoffeln schmeckt Kräuterquark oder Kräuterbutter (siehe Seite 59).

Der Kartoffelkönig

Wer weiß, was man aus Kartoffeln alles machen kann? Wir sitzen im Kreis und lassen eine Kartoffel, den Kartoffelkönig, herumwandern. Das erste Kind schlägt vielleicht vor: „Dicker, fetter Kartoffelkönig, aus dir mache ich Pellkartoffeln." Das nächste Kind wiederholt die Speise und fügt eine weitere an: „Dicker fetter Kartoffelkönig, aus dir mache ich Pellkartoffeln und Pommes." Wir lassen den Kartoffelkönig so lange herumgehen, bis uns keine Speisen mehr einfallen.

Kartoffelchips nach unserem Geschmack

• *Zutaten: 500 g Kartoffeln, 4 EL Olivenöl, Jodsalz, Paprika, Muskat*

Die Kartoffeln schälen, feinhobeln und trockentupfen. Mit dem Öl bepinseln oder einreiben. Die Chips auf ein gefettetes Backblech nebeneinanderlegen. Im Backofen bei 220 °C (Umluft 200 °C) etwa 30 Minuten backen. Zwischendurch wenden. Nach dem Backen salzen und nach Belieben würzen.

Wir vergleichen unsere Chips mit Kartoffelchips aus der Tüte: Schmecken beide Sorten gleich? Und welche fühlen sich fettiger an?

In gekauften Chips steckt viel mehr Fett als in den selbstgemachten. Außerdem enthalten sie Geschmacksverstärker, die den Appetit anregen. Haben wir einmal angefangen, Tütenchips zu essen, können wir deshalb oft gar nicht mehr damit aufhören.

Pommes

Auch Pommes können wir selber machen.

• *Zutaten: 1 1/2 kg Pellkartoffeln, 2 EL Olivenöl, geriebene Muskatnuß, Jodsalz*

Die Kartoffeln pellen und in Stäbchen schneiden. Mit Olivenöl bestreichen und mit Muskatnuß würzen. Im vorgeheizten Backofen bei 220 °C (Umluft 200 °C) solange backen, bis die Stäbchen knusprig braun sind. Das dauert etwa 30 bis 40 Minuten. Die Pommes zwischendurch immer wieder wenden und vor dem Essen salzen.

Wir zählen Fettaugen

Je nach Zubereitungsart enthalten Kartoffelgerichte mehr oder weniger Fett. Der Körper braucht Fett, aber nur gutes Fett und nicht zuviel davon. Denn zuviel Fett schadet uns. Doch woher sollen wir wissen, wieviel Fett eine Speise enthält? Um dem Fett auf die Schliche zu kommen, legen wir drei Bogen Pergamentpapier zurecht. Auf dem ersten Blatt machen wir einen Abdruck von einer halbierten Pellkartoffel. Auf das zweite Blatt stupfen wir Pommes aus der Pommesbude oder einen Kartoffelpuffer. Mit einem Stück Butter drücken wir auf den dritten Bogen. Anschließend halten wir die drei Blätter gegen das Licht. Es schimmern Fettaugen. Auf welchem Blatt sind die meisten Fettaugen zu sehen?

Wir können die Blätter auch mit Wasserfarbe anmalen. Was passiert dann? Die Fettaugen bleiben durchsichtig, weil sie die Farbe nicht annehmen.

Wer möchte, kann die Fettaugen anderer Speisen zählen, zum Beispiel von Salami oder fettem Käse oder einer Scheibe Brot.

Wir sehen: Das Fett hält sich in unseren Speisen versteckt. Fertigen Gerichten ist es nicht anzusehen, ob sie viel oder wenig Fett enthalten. Wir können es höchstens schmecken – oder es uns merken.

Fett ist nicht gleich Fett

Fett steckt sowohl in Pflanzen als auch in Tieren. Da viele Menschen lieber Wurst, Käse und Fleisch als Gemüse essen, nehmen sie mehr tierische als pflanzliche Fette zu sich. Die meisten tierischen Fette sind reich an „gesättigten Fettsäuren", die den Blutfettwert erhöhen. Distelöl, Sonnenblumenöl und Weizenkeimöl zum Beispiel enthalten hingegen sogenannte „ungesättigte Fettsäuren", die der Körper braucht, etwa um Zellwände und Hormone zu bilden, aber selbst nicht aufbauen kann.

Lirum-Larum-Löffelstiel

Selberkochen macht selbstbewußt

Die Küche ist für Kinder ein Reich voll unbekannter Schätze. Sie finden es spannend, immer geschickt mit Messern und anderen Geräten zu hantieren und Farben, Formen und Düfte von Speisen immer wieder zu verändern.

Kochen mit Kindern bedeutet zusätzliche Arbeit. Doch es lohnt sich: Die Kinder lernen zu planen und umsichtig zu handeln. Erfolgserlebnisse beim Kochen steigern ihr Selbstbewußtsein und lassen sie die „eigenen" Speisen um so mehr genießen.

Wir erobern die Küche

Um Speisen zuzubereiten, benötigt man eine Menge Hilfsmittel. Die meisten von ihnen verbergen sich in Küchenschränken und -schubladen. Diese wollen wir nun erforschen.

Wer kennt die verschiedenen Küchengeräte und weiß, wozu sie dienen und wie man sie benutzt? Wo lauern Gefahren? Beim Herd vielleicht, weil man ihm nicht ansieht, ob er gerade heiß oder kalt ist, und bei scharfen Messern? Wir überlegen, was wir beachten müssen, um uns nicht zu verletzen. Wir malen gemeinsam ein großes Warndreieck mit züngelnden Flammen. Es wird vor den Herd gelegt. Niemand darf es betreten. Am Messerfach bringen wir ein kleines Dreieck an.

Gemüseragout „Gewußt, wie"

„Viele Köche verderben den Brei", heißt es im Sprichwort. Wir wollen das Gegenteil beweisen und bereiten gemeinsam ein Gemüseragout zu, das wir in Kartoffelschiffe füllen. Vorher stellen wir Zutaten und Geräte bereit und staffieren uns mit Kochmützen und Schürzen aus.

• *Zutaten: 5–6 große Pellkartoffeln, Jodsalz, Kümmel, 2–3 Zwiebeln, 3 Knoblauchzehen, 2 EL Olivenöl, 500 g Brokkoli, 500 g Möhren, 1/4 l Milch, 2–3 EL Stärke, Pfeffer, Muskat, evtl. Schnittlauchröllchen, 50 g geriebener Parmesankäse*

🍓 Als erstes heißt es, Kartoffeln schrubben. Sie kommen ungeschält mit wenig Wasser in einen Kochtopf. (Die Schale verhindert, daß Vitamine und Mineralstoffe davonschwimmen.) Mit etwas Salz und Kümmel würzen und mit geschlossenem Deckel etwa 40 Minuten kochen lassen. Mit einer Stricknadel testen, ob sie gar sind.

🍓 Besonders mutige Kinder schälen derweil Zwiebeln und Knoblauchzehen und wagen sich vielleicht sogar ans Zwiebelschneiden. Den Knoblauch durch die Presse drücken.

🍓 Mit einem Pinsel das Öl in einem großen Topf verteilen und erhitzen, bis es Bläschen wirft, wenn wir ein Zwiebelstückchen hineinwerfen. Dann die restlichen Zwiebeln und den Knoblauch zufügen und ständig rühren.

🍓 In der Zwischenzeit waschen und putzen einige Kinder Brokkoli und Möhren. Braune Stellen werden abgeschnitten. Der Brokkoli läßt sich leicht in kleine Röschen zerpflücken. Möhren und Kohlstrunk in Scheiben schneiden. Das Gemüse zu den Zwiebeln geben und kurz anbraten. Zwei bis drei Tassen Wasser zufügen. Am besten macht das ein Erwachsener, denn es kann spritzen! Das Gemüse zugedeckt eine Weile dünsten lassen.

Gemüse mag es dunkel

Obst und Gemüse sind ganz empfindliche Pflänzchen. Sie mögen weder Licht noch Wärme und erst recht kein langes Wasserbad. Kochen wir Gemüse mit wenig Wasser, schonen wir Vitamine und Mineralstoffe. Auch Kochsalz löst Vitamine, Farbe und Aroma aus dem Gemüse. Deshalb erst am Ende der Garzeit zufügen. An den „Schnittwunden" bieten Obst und Gemüse natürlich besonders gute Angriffsflächen für Licht, Luft und Wärme. Also sollte man sie möglichst wenig zerkleinern. Geschnittene Früchte und Salat können wir schützen, indem wir sie mit Zitronensaft beträufeln und luftdicht abdecken

🍓 Die Milch mit der Stärke verrühren. Das Kochwasser des Gemüses in einen kleinen Topf abgießen, die Stärkemilch zufügen und unter ständigem Rühren eine halbe Minute aufkochen lassen. Mit Salz, Pfeffer, Muskat, Schnittlauch abschmecken. Zum Schluß den Parmesan unterziehen.

🍓 Die Kartoffeln pellen, der Länge nach halbieren, innen etwas aushöhlen und mit Gemüse füllen. Mit Soße übergossen, anrichten. Gemüse- und Kartoffelreste in einer, die restliche Soße in einer anderen Schüssel dazu reichen.

Zucker und Salz

Gewürze dienen dazu, den Eigengeschmack von Speisen zu betonen. Am häufigsten verwenden wir zum Würzen Zucker und Salz. Probieren wir je eine Fingerspitze, stellen wir fest, daß sie einander zwar ähnlich sehen, aber sehr verschiedene schmecken. Was geschieht, wenn wir sie mischen? Wir geben einen Teelöffel Salz und einen Teelöffel Zucker in eine Tasse und übergießen sie mit heißem Wasser. Ist die Lösung etwas abgekühlt, darf ein Kind, das nicht weiß, was in der Tasse ist, probieren. Anschließend versucht es den Geschmack zu beschreiben. Obwohl gleiche Mengen Zucker und Salz in der Tasse sind, schmeckt das Wasser salzig. Salz würzt so stark, daß es den Zucker überdeckt. Salzt man ein Essen zu stark, verliert es seinen Eigengeschmack. Auch Zucker prägt den Geschmack einer Speise stark und kann feine Aromen überdecken, zum Beispiel von Obst oder Nüssen.

Die Geschmacksparade

Schmecken Süßspeisen alle gleich süß? Oder unterscheidet sich ein Süßgeschmack vom anderen? Und wie verhält es sich mit herben, herzhaften Speisen? Um dem Geschmack auf die Spur zu kommen, veranstalten wir eine Geschmacksparade. Die Kinder ordnen sich nach Wunsch einer „süßen" und einer „herzhaften" Gruppe zu.

• *süße Zutaten: 1 l milder Joghurt, Honig, Zucker, Birnendicksaft, Sirup, Zuckerrohrgranulat, Bananen*

• *herzhafte Zutaten: 1 l Joghurt, 1/2 Bund Petersilie, 1/2 Bund Zitronenmelisse, 1/2 Bund Dill, Jodsalz, Pfeffer, Senf*

Alle Kinder kosten jeweils von „ihren" Zutaten (Vorsicht bei den Gewürzen!) und erzählen einander, was sie geschmeckt haben. Dann bereitet jedes sein eigenes „Süppchen" aus einer Portion Joghurt mit zwei bis drei Zutaten seiner Wahl zu. Beim Würzen ganz behutsam vorgehen und immer wieder abschmecken! Wie verändert sich der Joghurtgeschmack? Sind alle mit dem Ergebnis zufrieden? Wer möchte, probiert auch, ob ihm die Süppchen seiner Nachbarn schmecken. Finden Zunge und Nase heraus, welche Zutaten darin stecken? Wir stellen fest: Obwohl alle die gleichen Zutaten hatten, schmecken die Joghurts ganz unterschiedlich.

Als die Menschen kochen lernten

Früher hatten die Menschen noch keine Töpfe. Sie kochten in Muschelschalen oder Tierhäuten oder in Erdlöchern mit Hilfe erhitzter Steine. Offenes Feuer wird seit mindestens einer Million Jahre zur Speisenbereitung genutzt. Doch erst seit etwa 40.000 Jahren ist es üblich, daß Menschen ihr Essen kochen. Durch den Einsatz von Hitze haben sie den Speisezettel deutlich erweitert: Hitze macht Ungenießbares genießbar. Sie zerstört Schadstoffe in Pflanzen wie zum Beispiel in Hülsenfrüchten oder Roggen. Fleisch und Wurzeln werden weicher und können auch von Kindern gegessen werden. Außerdem hat das Kochen die Sitte des gemeinsamen Essens gefördert: Hierzu traf und trifft man sich am Ende der Garzeit.

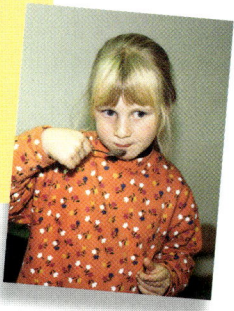

Einmal um die ganze Welt

Wir entdecken, was und wie Kinder anderswo essen, und machen ein Fest der Völker.

Fremde Völker, fremde Sitten

Jedes Volk hat seine eigenen Eßgewohnheiten. Das hängt damit zusammen, daß in den verschiedenen Regionen der Erde ganz verschiedene Pflanzen wachsen. Reis zum Beispiel könnte man bei uns nicht anbauen – er muß eingeführt werden. In Asien hingegen, wo es riesige Reisfelder gibt, ist er Grundnahrungsmittel. Eines aber ist den meisten Kulturen gemeinsam: Das Essen wird gemeinsam mit anderen eingenommen. Beim Geburtstagskuchen oder beim Weihnachtsessen sitzen auch wir zu mehreren zusammen. Denn wer zusammen ißt, wird sich später kaum streiten. Gemeinsames Essen macht die Menschen friedlich und verständnisvoll. Deshalb ist Gastfreundschaft bei fast allen Völkern etwas ganz Wichtiges.

Wer ißt gerne Bananen? Oder Nudeln? Oder Ketchup? Das sind Nahrungsmittel, die Menschen aus anderen Ländern irgendwann zu uns mitgebracht haben. Doch wer weiß schon, was andere Völker sonst noch essen und trinken? Beim gemeinsamen Kochen und Verspeisen von Gerichten aus aller Welt können wir Kinder aus anderen Kulturen besser verstehen und ein Stück ihrer Heimat kennenlernen.

Pommes zum Frühstück?

Wir alle haben bestimmte Vorstellungen davon, wie Mahlzeiten auszusehen haben. Mit einem Spiel können wir diesen Vorstellungen auf die Spur kommen. Ein Kind spielt Koch oder Köchin. Die anderen Kinder wollen wissen, was es zum Frühstück gibt: „Lieber Koch, es ist Frühstückszeit: Gibt es Pommes? Brötchen? Marmelade? Himbeereis? Salat?" Der Koch antwortet „ja", wenn eine richtige Speise genannt wird. Alle loben ihn: „Gut geraten, lieber Koch! Und was gibt's noch?"

Wir stellen fest, daß alle ungefähr das gleiche zum Frühstück servieren würden. Auch für Mittagessen, Nachmittagskaffee und Abendbrot gibt es „passende" Speisen. Der Koch kann das bestätigen. Doch wer bestimmt eigentlich, was wir wann zu essen und zu trinken haben? Unsere Vorfahren haben darüber im Laufe der Zeit bestimmte Vereinbarungen getroffen. Diese Vereinbarungen sind zum Teil sogar in den Wörtern, mit denen wir die Mahlzeiten benennen, versteckt. Wer findet sie heraus?

Wie frühstücken Kinder anderswo?

Wollen wir wissen, ob das Frühstück in anderen Ländern genauso aussieht wie bei uns, fragen wir Kinder aus anderen Kulturen. Dann malen wir die Zutaten auf, die sie uns genannt haben. Jedes „Länderfrühstück" kommt auf ein anderes Blatt. Haben wir herausfinden können, was es in Vietnam zum Frühstück gibt (eine Schale Reis)? Oder in Frankreich (ein Croissant und eine Schale Kakao) und England (Spiegeleier und gebratenen Schinken)? Auf ein weiteres Blatt malen wir unser „normales" Frühstück. Dann hängen wir alle Bilder nebeneinander auf und vergleichen. Ist ein besonders leckeres Frühstück darunter? Oder eines, vor dem wir uns schütteln? Was macht das eine Frühstück so appetitlich und das andere so abstoßend? Und was sagen die „fremden" Kinder zu unserem Frühstück?

Die Speisen-Landkarte

Hamburger kommen aus Amerika, die heißgeliebte Pizza kommt aus Italien und Baguette aus Frankreich. Überprüfen wir unseren Speiseplan, stellen wir fest, daß wir zum Beispiel französisch, italienisch, deutsch und türkisch durcheinander essen. Wollen wir den Weg der Lebensmittel bis zu ihrem Ursprung zurückverfolgen, befestigen wir eine Weltkarte auf einer Styroporplatte. Wo befinden wir uns? Wir basteln Fähnchen aus Zahnstochern und kleinen weißen Blättern. Darauf malen oder kleben wir Bilder von Gerichten oder Lebensmitteln, die uns einfallen. Wer weiß, aus welchem Land ein Gericht kommt, steckt das Fähnchen an die richtige Stelle auf der Landkarte.

Eine Reise um die Welt

Wir sitzen im Kreis und lassen uns von Kindern aus anderen Kulturen erzählen, was sie in ihrer Heimat oft und gerne essen. Eines spielt Reiseleiterin oder Reiseleiter, marschiert los, tapp, tapp, tapp, und schlägt sich dabei mit den Händen auf die Oberschenkel. Die anderen Kinder folgen schenkelklopfend. Plötzlich hebt die Reiseleitung die Hand und ruft: „Halt! Was ist das?" Erwartungsvoll blicken die Kinder sich an. „Ein neues Land." Sie gehen weiter, tapp, tapp, tapp. „Halt! Was ist das?" Diesmal schnuppern alle: „Ein neuer Duft!" Beim nächsten „Halt! Was ist das?" betrachten alle ihre Handflächen. „Ein Essen aus der Türkei" (oder aus einem anderen Land). „Es heißt ..." „Das wollen wir essen." Alle futtern. „Hat's geschmeckt?" Dann wandern wir weiter, tapp, tapp, tapp, bis wir mit einem „Halt! Was ist das?" im nächsten Land angekommen sind ...
Zum Schluß laufen wir ganz schnell nach Hause und ruhen uns von der Reise und dem vielen Essen aus.

Spürnasen im Spezialitätengeschäft

Wir besuchen einen Laden, in dem es griechische, asiatische oder andere „fremde" Lebensmittel gibt, und schauen uns vorsichtig um. Meist sind solche Geschäfte viel kleiner als der Supermarkt. Es riecht auch ganz anders – wonach nur? Schauen wir in die Regale, entdecken wir viele Lebensmittel, die wir gar nicht kennen. Drei von ihnen wählen wir aus und lassen sie uns erklären. Welches Essen könnte man daraus machen? Fehlen uns Zutaten, kaufen wir sie ein und bereiten die Speise zu. Vielleicht verrät uns ein Kind aus dem entsprechenden Land sein Lieblingsrezept und erzählt uns, ob das Gericht mittags oder abends oder zu einem bestimmten Fest gekocht wird.

Früchte erzählen

Auf dem Tisch liegen eine Banane und eine Avocado. Wir betrachten und befühlen die Früchte und riechen daran. Was wissen wir von ihnen?
Wie ein Avocadobaum aussieht, können wir mit etwas Geduld auch selbst herausfinden: Der Kern der Avocado wird geschält, ringsum auf Streichhölzer gespießt und mit dem unteren dicken Ende in ein Glas Wasser gehängt. Stellt man ihn an einen warmen Ort und tauscht das Wasser regelmäßig aus, erscheinen nach einigen Wochen eine lange weiße Wurzel und die ersten grünen Blättchen. Dann ist es Zeit, den Kern einzupflanzen. Bald treibt der Sproß schöne große Blätter.

Wir essen mit Stäbchen

In China ißt man nicht, wie bei uns, mit Messer und Gabel, sondern mit Stäbchen. Wir wollen einmal ausprobieren, wie das geht.
Alle sitzen im Schneidersitz. Jeder hat ein Schäl-chen Reis vor sich stehen. Zwei Stäbchen liegen daneben. Das erste Stäbchen legen wir in die Mulde zwischen Daumen und Zeigefinger. Mit dem Daumen halten wir es so fest, daß es sich nicht bewegt. Das zweite Stäbchen wird – wie ein Stift – zwischen Daumenspitze und Zeigefinger genommen. Damit können wir den Reis zu kleinen Portionen zusammenschieben und auf beide Stäbchen aufschaufeln. Beim Essen halten wir die Schälchen mit der anderen Hand nahe an den Mund – genauso wie die Chinesen.

Ein Fest der Völker

Teilen

Bei fast allen Völkern ist das Teilen von Mahlzeiten selbstverständlich. In vielen Ländern wurde das Essen früher auch mit unerwarteten Gästen wie zum Beispiel Reisenden geteilt, vor allem in Gegenden, in denen weit und breit keine Herberge zu finden war.

wir machen ein Ost-West-Nord-Süd-Büffet

Als Höhepunkt unserer Reise durchs Schlaraffenland veranstalten wir ein Fest mit Gästen und einem üppigen Rund-um-die-Welt-Büffet.

Die Gerichte können am Vortag vorbereitet oder fertig zubereitet mitgebracht werden. Große, mit kaltem Wasser oder Eis und Salz gefüllte Plastikwannen dienen als „Kühlschränke" für Getränke. Das Salz sorgt dafür, daß die Temperatur konstant bleibt.

Für ein üppiges Büfett benötigt man pro Erwach-senen etwa 100 Gramm Brot, 75 Gramm Käse, 150 bis 200 Gramm von den Hauptspeisen bzw. Fleisch oder Fisch. Dazu noch 200 Gramm grünen Salat oder 100 bis 200 Gramm Reis-, Nudel- oder Kartoffelsalat, eine Flasche Wasser bzw. Saft. Für Kinder berechnet man halbe Portionen bei Hauptspeisen und Getränken und ganze Portionen für die Desserts.

Crostini aus Italien

• *Zutaten für 10 Stück: 10 Scheiben Ciabatta-Brot (500 g), 4–5 Tomaten, 200 g Mozzarella, Pfeffer, Jodsalz, 1 Bund Basilikum*

Brot im Backofen bei 200 °C (Umluft 180 °C) goldbraun rösten. Die Schnitten abwechselnd mit Tomaten- und Mozzarellascheiben belegen und bei 200 °C backen, bis der Mozzarella geschmolzen ist. Mit Basilikum garnieren.

Tortillas aus Spanien

• *Zutaten für 10 Kinderportionen: 500 g Kartoffeln, 4 EL Olivenöl, 1 große Zwiebel, 2 Eier, 1 Tasse Milch, Jodsalz, Pfeffer*

Kartoffeln schälen, in Scheiben hobeln und etwa 10 Minuten in Öl braten. Die Zwiebel häuten, feinhacken und zu den Kartoffeln geben. Die Mischung weitere 10 Minuten braten. Die Eier mit der Milch verquirlen, mit Salz und Pfeffer abschmecken und über die Kartoffeln gießen. Den Kuchen stocken lassen und nach dem Abkühlen in 10 Stücke schneiden.

Obstsalat aus Griechenland

• *Zutaten für 10 Kinderportionen: 10 frische Aprikosen, 1 kg Wassermelone, 1/4 Honigmelone, 3 Kiwis, 2 frische Feigen, 2 Zitronen, 1 EL Honig, Vanillepulver, 1kg Joghurt, 3–4 EL klarer Honig, 1 Zweig Minze*

Obst waschen bzw. schälen und würfeln. Die Zitronen auspressen und mit Honig und Vanillepulver verrühren. Obst daruntermischen. Honig unter den Joghurt rühren und in einer Kanne zum Obstsalat servieren. Diesen mit Minzblättern verzieren.

Spinatschnecken aus der Türkei

• Zutaten für 10–12 Schnecken: 400–500 g tiefgefrorener Vollkorn-Blätterteig, 500 g tiefgefrorener Blattspinat (oder 750 g frischer Spinat), 3 Zwiebeln, 1 Knoblauchzehe, 1 EL Olivenöl, Jodsalz, Pfeffer, gemahlener Kümmel, 100 g Fetakäse oder Gouda, Kondensmilch, Sesam

Blätterteig auftauen. Blattspinat waschen und putzen. Zwiebeln und Knoblauchzehe häuten, würfeln und in Olivenöl glasig dünsten. Spinat zufügen und 10 bzw. fünf Minuten schmoren. Mit Salz, Pfeffer, Kümmel würzen und in einem Sieb abtropfen lassen. Käse zerbröckeln oder würfeln. Den Blätterteig in fünf oder sechs Rechtecke schneiden, und diese zu etwa 30 cm langen Streifen ausrollen. Spinat mit den Käsewürfeln mischen und auf die Blätterteigstreifen geben. Die Streifen von der Längsseite her aufrollen, halbieren und zu Schnecken drehen. Auf einem mit kaltem Wasser abgespülten Backblech mit Kondensmilch bestreichen, Sesamsamen bestreuen und bei 220 °C (Umluft 200 °C) etwa 25 Minuten backen.

„Väterchen-Frost"- Blinis aus Rußland

• Zutaten für 10–15 Blinis: 250 g Weizenvollkornmehl, 1/2 Päckchen Hefe, 1/4 l Milch, 1 TL Zucker, 2 Eier, 1 TL Jodsalz, Pfeffer, Öl

Aus Mehl, Hefe, lauwarmer Milch und Zucker einen Hefeteig bereiten und gehen lassen. Eier salzen und pfeffern, verquirlen und unter den Hefeteig rühren. Pro Blini eine Kelle Teig in erhitztem Öl etwa 2 Minuten auf jeder Seite braten. Dazu eine Soße aus saurer Sahne, die mit Dill und etwas Salz abgeschmeckt wird, reichen.

Lassigetränk aus Indien

• Zutaten: 1 l Naturjoghurt, 1/2 l Sprudelwasser, evtl. Honig

Joghurt mit Sprudel verquirlen, bis es schäumt. Wem das Getränk zu herb ist, kann es mit etwas Honig abschmecken.

Pancakes mit Indianergold aus Amerika

Indianer entdeckten einst, wie man Sirup aus dem Zuckerahorn gewinnen kann. Seine goldene Farbe gab ihm dem Namen Indianergold.

• Zutaten für 15 Pancakes: 250 g Weizenvollkornmehl, 2 TL Backpulver, etwa 300 ml Buttermilch, 5–6 EL Indianergold, 2 Eier, 2 Zweige Zitronenmelisse

Mehl mit Backpulver vermischen und mit Buttermilch, Ahornsirup und Eiern zu einem glatten Teig verrühren. Mini-Pfannkuchen backen und fächerweise auf einem Teller anrichten. Zitronenmelisse waschen und trockentupfen. Blättchen einzeln vom Stengel zupfen, und die abgekühlten Pfannkuchen damit verzieren. Dazu Heidelbeerkompott servieren.

Kunterbunter Mexiko-Salat

• Zutaten für 10 Kinderportionen: 1 Dose rote Bohnen, 1 Dose Maiskörner, 1 kleiner Kopf Eisbergsalat, 1 rote Paprika, 1 grüne Paprika, 1 Zitrone, 2 EL Sahne, 2 EL Naturjoghurt, Cayennepfeffer, Jodsalz

Rote Bohnen und Maiskörner abtropfen lassen, ebneso den gewaschenen Eisbergsalat. Paprika waschen, putzen und würfeln. Zitrone auspressen. Den Saft mit Sahne und Joghurt verrühren, mit Cayennepfeffer und Jodsalz abschmecken. Den Salat kurz vor dem Servieren in kleinschneiden. Bohnen, Mais, Paprika und Salat mischen oder einzeln anrichten, die Salatsoße in einer Kanne dazu servieren.

Auch Reste zu machen war erlaubt: Man verteilte sie dann an Bedienstete oder an Bettler. So sorgte man dafür, daß niemand hungern mußte.

Bei manchen sogenannten „Naturvölkern" ist es noch heute üblich, Nachbarn und Dorfbewohner zu größeren Mahlzeiten einzuladen. Oft bekommen dann die Gäste die besten Stücke. Wenn eine Familie in Not gerät – zum Beispiel durch eine Mißernte – helfen Verwandte aus, denen es besser geht.

Die Rezepte in diesem Buch

Dankeschön

Herzlichen Dank allen, die mich beim „Kochen" dieses Buches unterstützten. Viele Prisen ehrlicher Kritik verdanke ich meinem Mann und meinen Kindern Antonia (6 Jahre), Matthias (5 Jahre), Johanna (2 Jahre) sowie ihren Freunden, vor allem Lara (6 Jahre) und Tobias (4 Jahre). Für die nötige Würze und Geling-Garantie sorgten Erprobungen und Diskussionen. Dafür danke ich besonders Marianne Grein und ihrem Team (AWO-Kindergarten Beamtenweg, Geilenkirchen), Ilse Herbst und Maria van Daal (Katholischer Kindergarten St. Ursula, Geilenkirchen), Monika Müller und ihrem Team (Integrative Kindertagesstätte Regenbogen, Aldenhoven), Mubiane Nzomambu und Inge Fadhil (Kindergarten der Lutherkirchengemeinde, Bonn) sowie Hannelore Kraus (Katholische Grundschule Geilenkirchen) und der Klasse 1b. Richtige Backzeiten? Korrekte Mengenangaben? Darauf achtete die staatlich geprüfte Wirtschafterin Andrea Scheeren. Ihr danke ich für die Prüfung der Rezepte.

Impressum

© 1999
Christophorus-Verlag GmbH
Freiburg im Breisgau

Alle Rechte vorbehalten
Printed in Belgium

ISBN 3-419-52892-2

Fotos:
Renate Hofmann, Bonn

Textredaktion:
Jutta Orth, Freiburg

Umschlaggestaltung:
Network!, München

Layout und
Gesamtproduktion:
Uwe Stohrer Werbung,
Freiburg

Herstellung:
Proost, Turnhout 1999

Quellennachweis

S. 16
Susanne Stöcklin-Meier:
Eins, zwei, drei – ritsche,
ratsche, rei.
Copyright bei der Autorin.

Hier zeigen wir Ihnen eine Auswahl unserer beliebten und erfolgreichen Bücher – und wir haben noch viele andere im Programm. Wir informieren Sie gerne, fordern Sie einfach unsere Themenprospekte an:

Bücher für Ihre Kinder:
Basteln, Spielen und Lernen mit Kindern

Bücher für Ihr Hobby:
Stoff- und Seidenmalerei, Malen
und Zeichnen, Keramik, Floristik

Bücher zum textilen Handarbeiten:
Sticken, Häkeln und Patchwork

Wir sind für Sie da, wenn Sie Fragen haben.
Und wir interessieren uns für Ihre eigenen
Ideen und Anregungen. Faxen Sie, schreiben
Sie oder rufen Sie uns an. Wir hören gerne
von Ihnen!

Ihr Christophorus-Verlag

Hermann-Herder-Straße 4
79104 Freiburg i, Breisgau
Telefon: 0761 / 2717 - 268 oder
Fax: 0761 / 2717 - 352